ALFA

ET PAPIER D'ALFA

Imprimé sur papier d'alfa ayant pour composition :

	Texte	Planches
Alfa	25	65
Tremble mécanique	15	»
Peuplier chimique	15	»
Coton	»	15
Chanvre	»	10
Sapin au bisulfite	45	10
	100	100

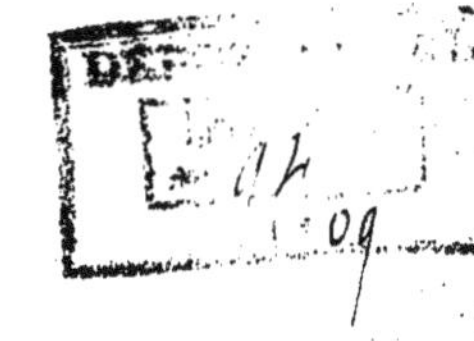

ALFA

ET

PAPIER D'ALFA

AVEC PLANCHES PHOTOMICROGRAPHIQUES

PAR

Henry de MONTESSUS de BALLORE

INGÉNIEUR CIVIL

IMPRIMÉ SUR PAPIER D'ALFA

Prix 4 f. 50

PARIS (VIe)

H. DUNOD ET E. PINAT, ÉDITEURS

49, quai des Grands-Augustins, 49

1909

ALFA

CHAPITRE I

Alfa. — Ses caractères botaniques et morphologiques. — Composition chimique et teneur en cellulose. — Régions alfatières. — Culture et rendement à l'hectare. — Cueillette et concessions. — Réglementation. — Exportation.

§ 1. Nous avons francisé ce mot que les Arabes prononcent *Halpha* (حلفاء) et nous en avons fait *Alfa*. Les Anglais l'appellent *Esparte*, du mot latin *Spartum*, dont nous-mêmes avons fait *Sparterie*, car l'alfa a servi, depuis la plus haute antiquité, à la confection d'objets de vannerie, cordes, nattes, etc...

Cette plante pousse avec profusion dans les immensités désertiques du nord de l'Afrique et est une richesse inépuisable pour les Arabes qui l'emploient à la confection de leurs menus objets, après l'avoir fait rouir à l'eau, comme nous le faisons nous-mêmes pour le lin et le chanvre. Mais, depuis cinquante ans, le commerce des feuilles de cette herbacée s'est considérablement développé, depuis que les Anglais l'utilisent comme matière première en papeterie, et est de ce fait devenue une richesse nationale importante. L'Algérie seule en exporte annuellement plus de 100.000 tonnes, représentant une valeur de six millions de francs ; et son emploi en papeterie ne fera que s'étendre et augmenter à mesure que le bois disponible deviendra plus rare.

Il est même difficile d'admettre que la papeterie française se soit désintéressée jusqu'à présent de cette plante ; on pourrait encore le comprendre si nous avions chez nous une autre matière première la remplaçant, mais tel n'est pas le cas, puisque nous importons nous-mêmes d'énormes quantités de bois à papier et de pâtes de bois fabriquées. Il est à souhaiter, pour notre industrie nationale, que cette anomalie cesse rapidement, d'autant plus que nous apprécions les papiers d'alfa, ces papiers légèrement crème dits : *papiers anglais*, que nous faisons venir de chez nos voisins, quand nous pourrions nous-mêmes les fabriquer si facilement.

L'alfa introduit, même en faible proportion, dans les papiers d'impression donne de remarquables résultats et est particulièrement recherché pour les éditions de luxe, les gravures, les tirages en chromo, etc...

§ 2. **Caractères botaniques de l'Alfa.** — J'emprunte à l'ouvrage de MM. Battandier et Trabut les caractères botaniques de l'alfa, qu'ils ont si bien décrits dans leur ouvrage sur les monocotylédones de l'Algérie [1].

On distingue deux espèces d'alfa, l'une qui n'est pas ou peu employée, l'alfa Maboula, en arabe *Sen'ra*, botaniquement *Lygeum Spartum;* et l'alfa vrai, le *Stipa tenacissima.*

« L'alfa vrai est une plante vivace à rhizome très rameux, formant des souches d'abord compactes et homogènes, mais devenant circulaires par le dépérissement des rameaux anciens du centre ; innovations par 2-3 au sommet des rameaux; chacunes de 6 à 15 décimètres, feuillés, recouverts par les gaines très longues de 3 à 4 feuilles qui naissent sur les 5 centimètres inférieurs, si bien que le chaume ne présente pas de nœuds dans toute sa partie émergée, il est solide plein.

Les innovations formées par les jeunes pousses sont renflées, bulbeuses à la base; à l'opposé de leur feuille-mère, elles présentent une préfeuille formée par une gaine biauriculée, recevant dans sa gouttière centrale l'innovation latérale à laquelle elle appartient et logeant dans l'autre, qui est dorsale, l'innovation terminale ; elle porte deux prolongements soyeux plumeux de 25 à 30 millimètres, venant faire saillie au niveau de l'orifice de la gaine de la feuille-mère à laquelle elle est opposée. Feuilles à

[1] *Flore de l'Algérie*, par MM. Battadnier et Trabut, professeurs à l'École de médecine et de pharmacie d'Alger. Chez Jourdan, éditeur, à Alger, 1895.

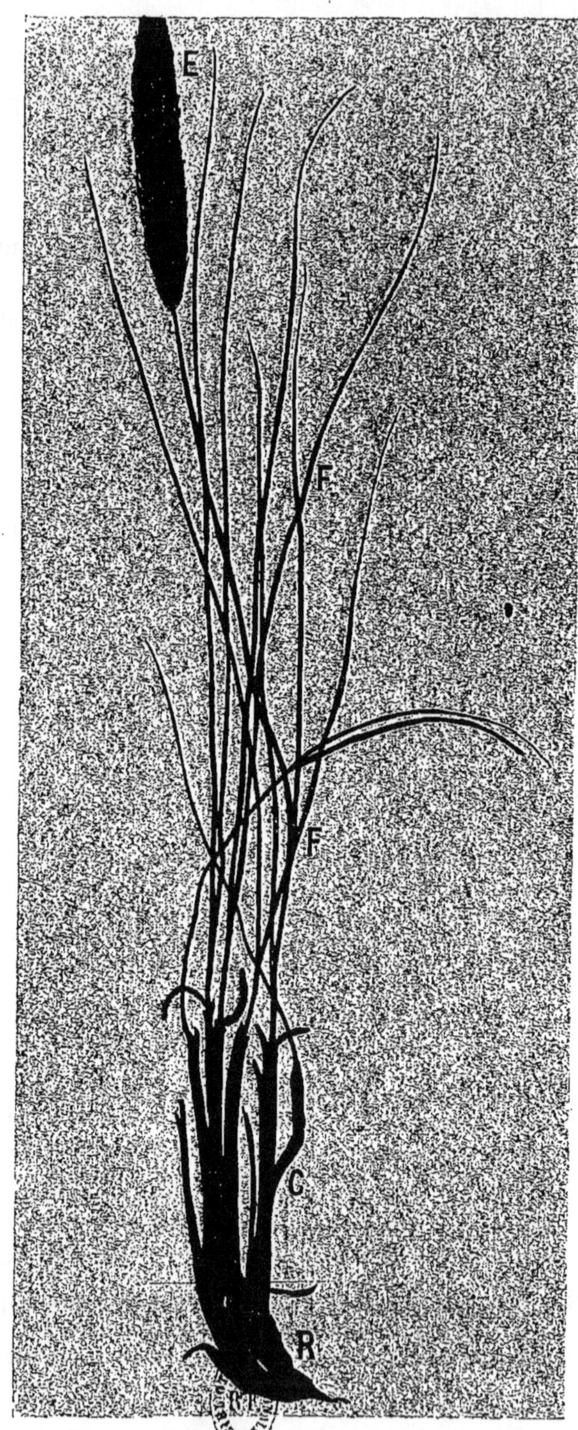

Fig. 1. — Plante isolée d'Alfa. — 1/3 grandeur

R, racine ; F, feuilles ;
C, chaume ; E, épilet.

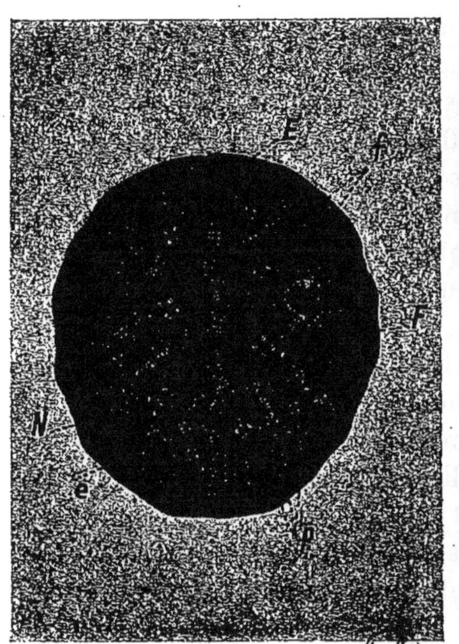

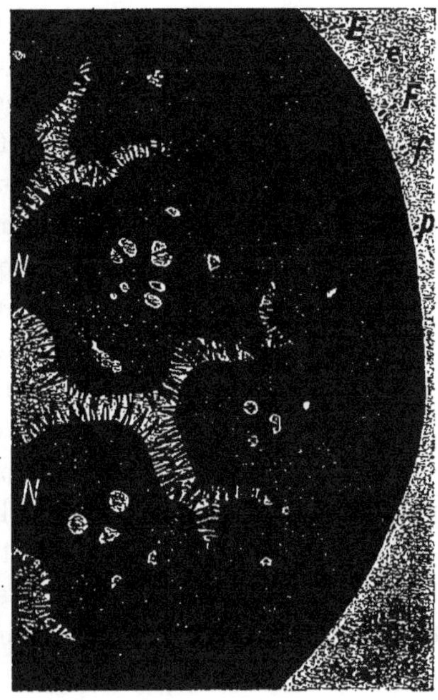

FIG. 2. — Gross. 78 D. FIG. 3. — Gross. 60 D.

Photomicrographies de feuilles d'Alfa.

f, fibres ;
F, fibres lignifiées ;
p, cellules parenchymateuses gorgées de matières pectiques ;
E, écorce externe, formée de cellules cuticulaires en dents de scie ;
e, écorce interne recouverte de poils sécréteurs ;
N, nervures de la feuille.

gaine lisse luisante, ligule biauriculée velue, prolongée de chaque côté par une subule de 10 à 12 millimètres, limbe variant de 3 à 12 décimètres, plan, rubané pendant la période de végétation, à face supérieure relevée de 7 fortes nervures, face inférieure luisante ; par la sécheresse, les deux moitiés de la feuille se rencontrent et forment un limbe dur, sec, jonciforme à pointe fine et piquante : panicule allongée, compacte, de 25 à 30 centimètres; épillets portés sur des rameaux inégaux et dont les primaires sont insérés par 3-6 sur l'axe principal ; toutes les ramifications présentent au-dessous de leur origine un faisceau de poils; glennes égales de 25 millimètres, membraneuses, subulées, quatre fois plus longues que la fleur ; glumelle inférieure portée sur un calus velu atténué en éperon acuminé et hérissé de poils soyeux, terminée par deux lobes scarieux entre lesquels naît une arête genouillée tortile, à colonne tordue de 20 à 25 millimètres et subule de 40 millimètres ; glumelle supérieure égalant l'inférieure ; deux glumellules antérieures déterminant par leur turgescence l'entre-bâillement des glumelles au moment de la floraison ; 3 étamines à filet grêle, 2 styles ; caryopes enfermé à la maturité dans les glumelles, mais n'y adhérant pas, de 7 à 8 millimètres sur 1, linéaire oblong, avec un sillon. Mûrit d'avril en juin suivant l'altitude. »

§3. **Feuilles et fibres d'alfa.** — De toute la plante, les feuilles seules sont utilisées aussi bien pour la sparterie que pour la papeterie, aussi est-ce de cette seule partie de la plante dont nous nous occuperons. Ces feuilles jonciformes de 2 à 3 millimètres de diamètre et de 25 à 60 centimètres de longueur, du point de désarticulation à la pointe, contiennent de 42 à 50 0/0 de cellulose et fournissent des fibres fines, régulières et soyeuses.

Ces fibres ont $1^{mm},5$ de longueur et $0^{mm},12$ à $0^{mm},13$ de diamètre, elles sont terminées en pointes arrondies. Le canal central est très étroit et peu apparent. Ce sont des fibres corticales de faisceaux fibro-vasculaires que la coloration à la phénolsafranine rend très visibles dans les coupes. Les figures 3 et 4 montrent la disposition de ces faisceaux et leur réparti-

TABLEAU DES LONGUEURS ET DIAMÈTRES DES DIFFÉRENTES FIBRES VÉGÉTALES

FIBRES	LONGUEUR EN MILLIMÈTRES	DIAMÈTRE EN MILLIMÈTRES
Alfa	1mm,500	0mm,013
Chanvre	22 ,000	0 ,019
Lin	30 ,000	0 ,017
Ramie	200 ,000	0 ,040
Phormium	3 ,000	0 ,014
Coton	36 ,000	0 ,030
Paille	2 ,000	0 ,015
Jute	2 ,000	0 ,022

tion dans l'épaisseur de la feuille, entourés qu'ils sont de cellules parenchymateuses gorgées de matières pectiques. A chacune des sept nervures de la feuille correspond une bande de fibres légèrement lignifiées, comme aussi les premières couches placées sous l'écorce externe.

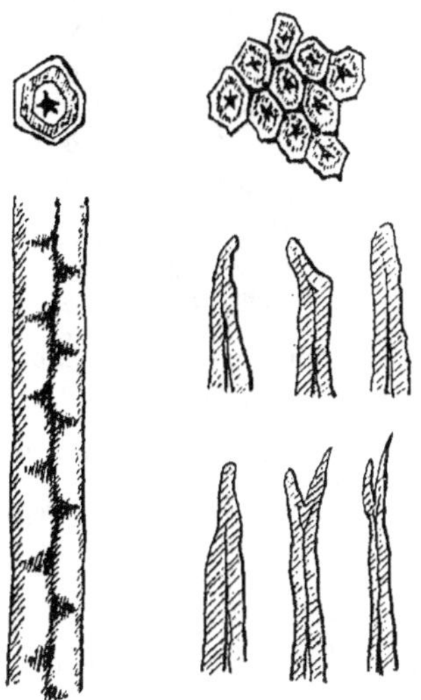

Fig. 4.
Pointes et coupes longitudinales et transversales des fibres.

Fig. 5.
Cellules cuticulaires de l'écorce.

Les cellules cuticulaires dentelées de l'écorce sont caractéristiques (*fig.* 5), et permettent de reconnaître sûrement au microscope la présence de la pâte d'alfa dans un papier, de même que celle des poids recouvrant la face interne de ces feuilles.

Les fibres d'alfa donnent avec le chlorure de zinc iodé une coloration bleue, et avec l'iode et l'acide sulfurique une coloration jaune (1).

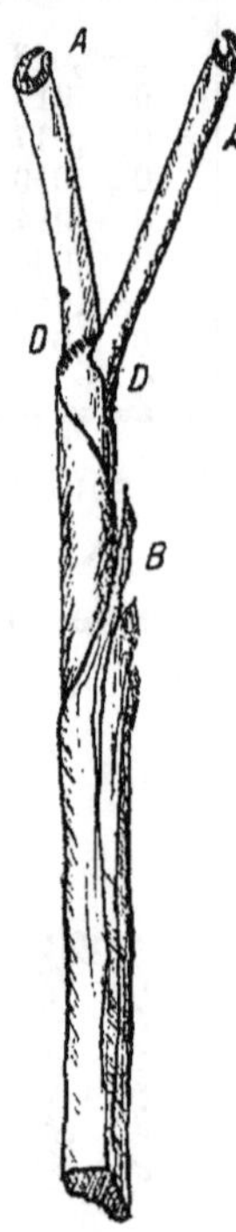

FIG. 6.
A, feuilles;
B, chaume;
DD, points de désarticulation des feuilles.

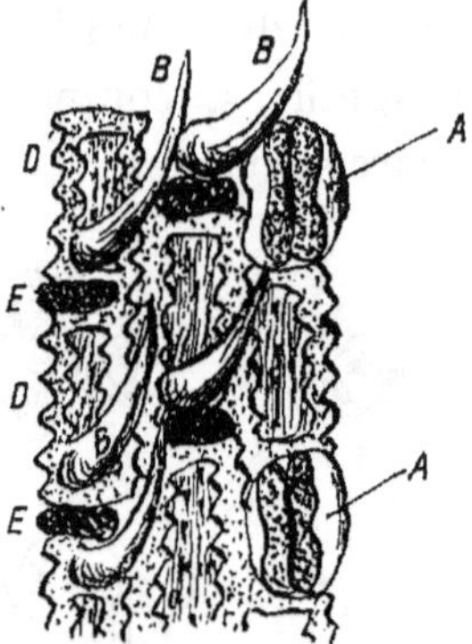

FIG. 7. — Ecorce externe.
A, stomates;
B, poils;
D, cellules oblongues à parois épaisses;
E, cellules à parois minces.

La composition chimique des feuilles d'alfa est variable suivant les régions et la nature du sol; Hugo Müller (2) donne les moyennes suivantes :

(1) Pour l'analyse des papiers et pâte, voir l'ouvrage de Wilhelm HERZBERG, traduit en français par G.-E. MARTEAU, à Paris, chez Gauthier-Villars, éditeurs.

(2) *Manuel de la préparation des papiers*, par C.-F. CROSS, et E.-S. BÉVAN, traduit de l'anglais par L. DESMAREST, Paris, Librairie Polytechnique.

	Alfa d'Espagne	Alfa d'Afrique
Cellulose	48,25	45,80
Graisse et cire	2,07	2,62
Extrait aqueux	10,19	9,81
Matières pectiques	26,39	29,30
Eaux	9,38	8,80
Cendres	3,75	3,67
	100,00	100,00

TEINTES COMPARATIVES QUE PRENNENT LES DIFFÉRENTES FIBRES VÉGÉTALES À L'*iode et acide sulfurique* ET AU *chlorure de zinc iodé*

FIBRES VÉGÉTALES	IODE ET ACIDE SULFURIQUE	CHLORURE DE ZINC IODÉ
Alfa	Jaune brun.	Bleue.
Chanvre	Bleu verdâtre.	Bleu violet, rouge.
Lin	Jaune brun.	Jaune d'or intense.
Ramie	Bleue.	Bleue.
Phormium	Jaune intense.	Jaune brun.
Coton	Brune.	Brun rouge.
Paille	Jaune clair.	Bleue.
Jute	Bleue.	Jaune.

La teneur en cellulose de l'alfa est très variable suivant les régions, la nature du sol et l'altitude, différents auteurs donnent les chiffres suivants, qui me paraissent trop élevés :

	Cellulose
Alfa d'Espagne	58,00
— Tripoli	46,30
— Arzew	52,00
— Oran	45,60

Un grand nombre d'essais personnels m'ont donné comme proportions extrêmes 42-52 0/0. Je suppose que ces divergences proviennent de ce que dans mes essais, faits au point vue surtout industriel, je n'ai mesuré que la cellulore fibreuse, c'est-à-dire utilisable; tandis que, dans le tableau ci-dessus, la proportion de la cellulose doit comprendre non seulement la cellulose fibreuse, mais encore la cellulose cellulaire de l'écorce.

Le rendement en pâte blanche sèche des différentes plantes textiles est :

Alfa. — De 43 à 50 0/0, suivant sa provenance.

Chanvre. — Les chiffons de bonne qualité demandent de 120 à 123 kilos pour 100 kilos de pâte blanche sèche;

Les cordes, 130 kilos;

La filasse, 115 kilos.

La paille brute rend 27 0/0 seulement.

Lin. — Les chiffons neufs demandent de 115 à 118 kilos pour 100 kilos de pâte blanche sèche;

Les chiffons usagés 120 à 130 kilos.

La paille brute rend de 26 à 27 0/0 en pâte.

Ramie. — Analogue au chanvre.

Paille. — Les différentes pailles de blé, seigle, orge et avoine rendent en moyenne 38 0/0.

Phormium. — Les déchets de sac et tissus donnent en moyenne de 30 à 35 0/0 de perte.

§ 4. **Régions alfatières.** — L'alfa croît spontanémentdans les régions les plus arides et spécialement dans les stations sèches, depuis le bord de la mer, jusqu'à une altitude de 1.800 mètres.

En Espagne, on le rencontre sur les plateaux qui s'étendent entre *Madrid*, *Valence* et *Malaga*, et un peu aux abords du cap Saint-Vincent, en Portugal.

Mais les véritables régions alfatières, celles où on le rencontre en si grandes quantités sur d'immenses étendues qu'on a nommé à juste titre *mers d'alfa*, sont les pentes nord de l'Atlas et les hauts plateaux de l'Algérie, depuis *Mogador*, au Maroc, jusqu'à *Sbeïtla*, près de *Kairouan*, en Tunisie.

Cette zone est limitée au nord par une ligne passant par *Sebdon*, *Daya*, *Saïda*, et *Frenda* dans la province d'Oran, *Tiaret*, *Teniet-el-Haâd*, *Aumale*, les *Bibas*, le *Boutaleb*, les *Manadid* et les contreforts nord de l'*Aurès*, pour les provinces d'Alger et Constantine. Puis on trouve l'immense nappe de *Tebessa*, qui se prolonge en Tunisie depuis le *Kef*, au nord, jusqu'à *Sbeïtla* et *Fériana*, au sud. Une petite zone se trouve près de *Gafsa* à *Métlaouï* et près du littoral sur les plateaux de *Matmata* et des *Haouïa*, cette région alfatière se continue vers *Tripoli*, et au delà vers *Djado*, *Zintan*, *Djebel-Nefoussa*, *Djebel-Yefren*, *Djebel-*

Ghanan, *Djebel-Cherchara*, jusque sur les plateaux au sud de Tripoli (1).

Les principaux ports d'exportation sont : *Oran*, *Arzew*, *Alger*, *Philippeville*, *Bône*, *Sousse*, *Sfax*, la *Skirra*, *Gabès* et *Tripoli*.

§ 5. **Culture et rendement de l'alfa à l'hectare, quantité que pourrait fournir l'Algérie.** — D'après M. Trabut, l'Algérie pourrait fournir à elle seule plus de 400.000 tonnes d'alfa, sans crainte d'épuisement des nappes alfatières. Un hectare de steppe contient de 3 à 5.000 souches rendant de 500 à 1.000 kilogrammes de feuilles sèches. On estime que l'Algérie possède cinq millions d'hectares d'alfa dans ses trois départements d'Oran, Alger et Constantine; la mer d'alfa de l'Oranais s'étend sur 400 kilomètres de longueur et 170 de largeur d'un seul tenant.

D'après les études de M. *Rivière*, directeur du jardin d'essais du Hamma à Alger-Mustapha, l'alfa se prête mal à une culture méthodique économique, et cependant quelques cultures par semis et plantations auraient été faites depuis longtemps en Espagne ; mais je n'ai pu avoir confirmation de ce fait.

La végétation de la plante commence en mars, et la maturité est complète en juillet.

Quand les champs d'alfa s'appauvrissent par vétusté, les Arabes les incendient pour les renouveler; en Algérie, cette mise à feu doit se faire sous la surveillance d'agents du Gouvernement.

§ 6. **Cueillette et concessions d'alfa.** — En Algérie et Tunisie les terrains alfatiers sont la propriété de l'État, de certaines communes ou tribus ou de particuliers. Celui des terrains domaniaux est généralement exploité par des entrepreneurs qui traitent avec les concessionnaires. Ces concessions s'adjugent aux enchères et atteignent parfois des prix élevés ; ainsi la concession de la *Compagnie franco-algérienne*, dans l'Oranais, mise à prix en 1905 à 250.000 francs, a été adjugée à 408.000 francs. L'État et les communes cèdent quelquefois des concessions sur le pied de *dix centimes* par hectare et par an.

(1) *Halfa* (Trabut-Jourdan).

Jusqu'à présent la Tunisie n'a pas donné de concessions sur ses terrains domaniaux, malgré les nombreuses demandes qui en ont été faites, motivées par la bonne qualité de ses alfas; le protectorat voulant réserver ces régions à des industriels qui établiraient sur place des usines de pâte à papier; mais il semble difficile de le faire pour bien des raisons: les charbons et les produits chimiques y sont chers, l'eau y est rare, l'alfa y est soumis à un droit de consommation, qui n'existe pas en Algérie, de 5 francs par tonne, et la douane frappant la pâte, à son entrée en France, d'un droit de 2 francs par 100 kilogrammes (droits de la nation la plus favorisée), met la Tunisie en état d'infériorité marquée vis-à-vis de l'Algérie. Aussi est-il peu probable de voir cette industrie y créer des usines, pas plus du reste qu'il n'en a été établi en Algérie.

FIG. 8.

FIG. 9.

La cueillette de l'alfa est réglementée et à juste titre, pour empêcher, par une exploitation irraisonnée ou trop intensive, la destruction de cette richesse nationale. L'alfa ne doit être cueilli qu'à maturité des feuilles, aussi y a-t-il une période d'interdiction correspondant à la croissance et dont la durée est fixée à quatre mois; pour le *Tell*, c'est-à-dire le littoral, cette période d'interdiction dure du 16 janvier au 15 mai, et pour les Hauts Plateaux elle commence le 1er mars seulement pour se terminer le 1er juillet. De plus, la récolte doit se faire par arachis, en désarticulant la feuille à son point d'attache au chaume, à la main ou au bâtonnet, et jamais avec un instrument tranchant, ce mode de récolte empêchant la pousse de l'année suivante.

Dans l'Oranais, ce sont surtout des ouvriers espagnols qui, aux gages des entrepreneurs, font la récolte ; dans les autres régions, les Arabes y travaillent assez irrégulièrement et surtout quand ils ont besoin d'argent; aussi les stocks sont-ils plus grands pendant les grandes sécheresses et les années de disette. Les Arabes mettent l'alfa cueilli en petites bottes ou *manoques* et le portent, souvent très loin, aux chantiers où il est pesé et acheté ; ces bottes une fois sèches sont triées pour enlever les pailles, herbes étrangères, les pieds des racines et réunies en paquets et enfin en balles pressées de 150 à 200 kilogrammes environ, cerclées soit par de légers feuillards rivés, soit avec des cordes d'alfa tressé, suivant les régions, et enfin dirigées vers les ports d'embarquement.

Une balle moyenne d'alfa de 200 kilogrammes, cerclée de quatre feuillards, a comme dimensions : $1^{m},05 \times 0^{m},95 \times 0^{m},75$, soit $0^{m3},748$, d'où 1 mètre cube d'alfa pressé pèse environ 266 kilogrammes.

Les frais de récolte, séchage, triage et de mise en balles sont évalués de 3 fr. 50 à 4 fr. 50 suivant l'abondance de la récolte ; mais les Arabes sont souvent trompés par les trafiquants d'alfa peu consciencieux, qui sur 100 kilogrammes déduisent 30 kilogrammes pour la dessiccation et 7 kilogrammes pour les cordes de chargement, si bien que le prix d'achat, fixé par exemple à 4 francs les 100 kilogrammes, se réduit à 2 fr. 52. Il serait à souhaiter que les agents du Gouvernement mettent fin à ce honteux trafic, d'autant plus que les intermédiaires s'entendent entre eux et que les Arabes n'ont pas la ressource de porter leur marchandise à un autre acheteur qui les traitera de la même façon.

§ 7. **Réglementation de la cueillette d'alfa en Algérie et Tunisie.** — Arrêté du gouverneur général portant réglementation pour l'exploitation et la vente de l'alfa (14 décembre 1908) :

« Vu les articles 6 et 2 de l'article 8 de la loi du 9 décembre 1885, ainsi conçus :

« Art. 6 et 2 des arrêtés du Gouverneur général, pris en con-
« seil du Gouvernement, déterminant les conditions de l'exploi-
« tation, de la vente et de l'exportation de l'alfa : Art. 8. — Toutes
« les contraventions aux arrêtés rendus en exécution de l'ar-
« ticle 6 seront passibles d'une amende de 20 à 500 francs et
« pourront l'être en outre d'un emprisonnement de six jours à
« six mois » ;

« Le conseil de Gouvernement entendu :

« Article premier. — La cueillette de l'alfa et toutes opérations relatives à l'achat de ce textile aux ouvriers alfatiers sont soumis à une période annuelle d'interdiction dont la durée est fixée à quatre mois.

« Le Tell comprend tout le territoire situé au nord de la ligne passant, dans le département d'Oran, par *Gar-Roubau*, *Sebdou*, *Magenta*, *Saïda*, *Frendak*, *Aïn-Touda*, sur le *Nahr-Ouassel;* dans le département d'Alger, par *Nahr-Ouassel*, *Bou-Guezal*, *Djebel-Sikra*, *Nadjar-sous-Tourba*, *Djebel-Bou-Zid*, *Djebel-Mahadid*, *N'Gaous*, *Aïn-Touta*, *Aïn-Beida* et *Djebel-Boudjaber*. Les hauts plateaux comprennent les régions situées au sud de la ligne ci-dessus déterminée et dans lesquelles l'exploitation de l'alfa est autorisée par arrêté du général commandant la division. Pour le Tell, la période d'interdiction dure du 16 janvier au 15 mai; pour les hauts plateaux, elle commence le 1er mars et prend fin le 1er juillet. Un arrêté préfectoral ou du général, rendu sur l'avis du service forestier, pourra, si la maturité le permet, sur un point donné, devancer l'époque fixée de quinze jours au plus. Quant aux alfas des versants sahariens et ceux des versants sud des *chotts* qui avoisinent les dunes, ils devront être respectés, c'est-à-dire exploités seulement par les indigènes et à leurs usages. Les années de disette ou de calamité pour les populations indigènes, l'ouverture des chantiers sera devancée suivant les besoins.

« L'interdiction de la cueillette s'applique à tous les terrains indistinctement, quel que soit le propriétaire, État, communes et particuliers, tant européens qu'indigènes.

« Art. 2. — La récolte de l'alfa se fera par voie d'arachis à la main ou au bâtonnet, à l'exclusion de tout instrument tranchant. L'arachis de souches d'alfa, pour le chauffage et autres emplois industriels, est prohibé.

« Art. 3. — Tout particulier qui voudra établir un chantier ou une bascule pour l'achat et la manipulation de l'alfa en adressera la déclaration à la sous-préfecture ou à la subdivision, suivant le territoire.

« Cette déclaration indiquera d'une manière précise l'emplacement choisi pour l'installation projetée, elle mentionnera également le nom du chef de chantier préposé à la bascule. Elle sera faite en double expédition dont l'une sur timbre, qui sera rendue au déclarant après visa.

« Les fraudes (fausses pesées sur les chantiers), tant du côté du vendeur que de l'acheteur, seront constatées par procès-verbal, à la diligence des fonctionnaires ou agents désignés à l'article 6.

« Art. 4. — L'incinération de l'alfa dans les terrains déjà exploités est interdite d'une manière absolue à toutes les époques de l'année. Partout ailleurs cette incinération ne pourra avoir lieu que sur autorisation du sous-préfet ou du général commandant la subdivision, suivant les territoires. La période pendant laquelle la mise à feu pourra être autorisée s'étendra du 1er novembre au 1er mars.

« Art. 5. — Dans les terrains à alfa incinérés sans autorisation, l'interdiction de la cueillette et de l'exercice du pâturage pourra être prononcée pour quatre années par arrêté préfectoral.

« Art. 6. — La constatation des contraventions est confiée aux agents et préposés du service forestier, aux maires, administrateurs et adjoints, aux commandants du cercle et officiers de bureau arabe, aux commissaires de police, gardes champêtres, gendarmes, et généralement à tous les officiers de police judiciaire. Les administrateurs et chefs de cercles pourront commissionner des gardes spéciaux en vue de la recherche et de la constatation des mêmes contraventions. Les acheteurs d'alfa ne pourront se refuser à la vérification de leurs chantiers ou lieux de dépôts, par les fonctionnaires, agents ou gardes désignés au présent article.

« ART. 7. — Toute contravention aux dispositions du présent arrêté donnera lieu à l'application des peines édictées par l'article 8 de la loi du 9 décembre 1885. Les agents verbalisateurs autres que les préposés forestiers auront la moitié des amendes prononcées. Cette part leur sera payée, après condamnation des délinquants, par amputation sur le crédit spécial inscrit au budget du service des forêts pour cette nature des dépenses ou tout autres fonds qui seraient affectés au paiement de ces frais.

« ART. 8. — Les peuplements d'alfa seront inspectés tous les trois ans par un agent des forêts ou toute autre personne compétente que désignera le gouverneur général. L'inspecteur présentera un rapport sur l'état des peuplements et sur la manière dont ils sont exploités et enfin sur les points de la réglementation qui lui paraîtraient comporter des réformes. Il pourra proposer au Gouvernement la mise en interdiction des zones d'alfa à reconstituer par un repos prolongé. »

§ 8. **Exportations de l'alfa d'Algérie et Tunisie, importations anglaises.** — L'importance de l'exportation d'alfa d'Algérie et Tunisie pour l'année 1907 s'est élevée au chiffre de 1.290.437 quintaux métriques, représentant une valeur d'environ 8 millions de francs ; sur ce total la France ne figure que pour le chiffre de 61.920 quintaux ; la presque totalité de cet excédent est absorbée par les papeteries anglaises.

EXPORTATIONS D'ALFA D'ALGÉRIE ET TUNISIE EN 1907[1] (en quintaux métriques)

EXPÉDITIONS DE :	DESTINATIONS		TOTAL
	FRANCE	ÉTRANGER	
Arzew	660	315.593	316.253
Oran	5.490	551.943	557.433
Alger	4.251	14.390	18.641
Bougie	»	11.380	11.380
Philippeville	»	11.623	11.623
Bône	450	73.918	74.368
Tunisie	51.069	249.670	300.739
Totaux	61.920	1.228.517	1.290.437

Cette statistique ne comporte que l'alfa de papeterie, l'alfa et les ouvrages de sparterie étant comptés à part.

La consommation anglaise de l'alfa de papeterie est à peu près constante depuis quinze ans, comme le prouve la statistique des douanes :

IMPORTATION ANGLAISE D'ALFA EN TONNES MÉTRIQUES EN :

	1895	1900	1901	1902	1903	1907
Algérie	68.979	90.869	67.940	63.663	63.974	99.179
Espagne	60.629	50.520	47.050	56.777	49.879	43.073
Tripolitaine	44.968	39.198	45.205	46.925	32.716	
Tunisie	11.660	19.568	33.639	30.900	32.456	60.275
Divers	172	125	103	27	64	
	186.408	200.280	193.933	198.292	179.089	212.523

(1) D'après les documents fournis par les directions des douanes d'Alger et de Tunis.

Les principaux ports qui reçoivent spécialement l'alfa *algérien* sont :

Granton	19.842	tonnes en 1903
Bowness	8.109	—
Dundee	8.060	—
Grangemouth	4.361	—
Hirkcoldy	4.015	—
Glascow	3.199	—
Aberdeen	2.167	—
Leith	637	—
Preston	4.581	—
Liverpool	2.346	—
Londres	3.752	—
Bristol	2.505	—
Tyne	400	—

L'Ecosse en reçoit la plus grande partie, et c'est dans cette région que se fabrique surtout la pâte d'alfa ; ainsi, en 1903, elle en a reçu à elle seule 111.439 tonnes sur les 179.089 importées, soit près de 62 0/0 (1).

(1) *Bulletin de l'Office du Gouvernement général de l'Algérie.*

CHAPITRE II

FABRICATION INDUSTRIELLE DE LA PATE A PAPIER D'ALFA, A LA SOUDE

Nettoyage mécanique de l'alfa, Duster. — Lessivage à la soude. — Titres des soudes. — Produits sodés commerciaux. — Analyse des soudes. — Caustification du carbonate de soude. — Lessiveurs. — Récupération des lessives brunes. — Défilage de l'alfa. — Blanchiment. — Analyse des chlores. — Boutonnage. — Epuration. — Mise en feuilles. — Ramasse-pâte.

§ 9. La fabrication de la pâte à papier d'alfa à la soude comprend une série d'opérations qui se succèdent dans l'ordre suivant :

1° Nettoyage mécanique de l'alfa ;

2° Lessivage ;

3° Triage à la main, s'il y a lieu ;

4° Défilage ;

5° Blanchiment ;

et que nous examinerons successivement en prenant comme type la façon d'opérer de l'usine de M. Lowson, à *Polton*, près *Edinbourg*, usine que j'ai pu visiter et étudier en détail, grâce à l'obligeance de son propriétaire. Du reste, cette fabrication est identique quant au fond dans toutes les usines anglaises.

§ 10. **Nettoyage mécanique de l'alfa.** — Ce nettoyage est nécessaire pour enlever toutes les poussières ou autres impuretés dont est imprégné l'alfa, impuretés qui se logent facilement à

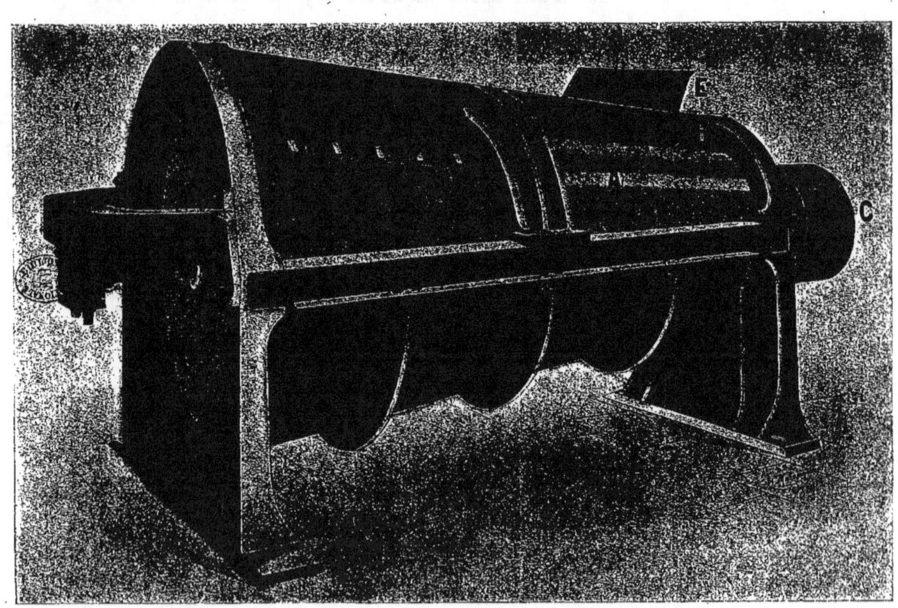

Fig. 10. — Duster pour le nettoyage mécanique de l'Alfa (James Bertram de Leith).

l'intérieur des feuilles roulées et repliées sur elles-mêmes, et qui, précisément à cause de cette forme particulière, sont assez difficiles à éliminer. Il est d'autant plus nécessaire d'opérer ce nettoyage que l'alfa est souvent transporté comme fret de retour de bateaux charbonniers et qu'il contient une quantité appréciable de poussières noires qui souillerait la pâte terminée ; ce ce serait à tort qu'on pourrait supposer qu'elles seraient enlevées par les nombreux lavages que subira la pâte pendant le cours de sa fabrication.

Ce nettoyage se fait au moyen d'une sorte de diable nommé *Duster*, spécialement imaginé et construit pour cet usage spécial.

Le Duster se compose essentiellement de deux troncs de cône de même angle, concentriques l'un à l'autre et séparés par un espace vide d'environ 20 centimètres. Le cône extérieur (A) est constitué par des plaques de tôles cintrées pour la mi-partie supérieure, tandis que la partie inférieure est constituée par une grille (*e*) formée de barreaux rectangulaires dont l'écartement est suffisant pour laisser passer les poussières, mais retenir les brins d'alfa. Le cône intérieur (B), tournant rapidement autour d'un axe horizontale (GG), est pentagonal et porte sur chacune de ses arêtes une rangée de fortes dents (*d*), tandis que le cône fixe n'en porte qu'une seule rangée (D) placée suivant la génératrice supérieure. Une trémie (E) sert à l'introduction de l'alfa qui, par suite de la forme conique des cônes, chemine lentement dans l'espace annulaire et vient sortir en (F) après avoir été brisé par la rotation et l'effet des dents. La partie inférieure de l'appareil constitue un coffre, dont les grilles du cône extérieur forment la partie supérieure, coffre dans lequel un ventilateur aspire les poussières et les conduit au dehors.

Un duster dont le cône fixe a $1^{m},500$ et $0^{m},800$ de diamètre et 2 mètres de longueur, et dont le cône mobile tourne à 210 tours à la minute, demande une force de 8 HP et nettoie une tonne d'alfa à l'heure. Cet appareil très robuste pèse environ 5 tonnes 1/2 et coûte 3.000 francs [1].

(1) James Bertram, constructeur, à Leith (Écosse).

Dans quelques usines, après le passage au duster, on fait subir à l'alfa un triage à la main pour enlever les herbes étrangères et surtout les quelques pieds ou débris de souche qui peuvent s'y trouver mélangés et qui produiraient dans le papier des taches transparentes nommées *poivre*. Mais il vaut mieux faire ce triage à la main après le lessivage, car alors ces pieds prennent une teinte jaune paille tranchant sur le vert des feuilles d'alfa, qui alors se distinguent plus facilement.

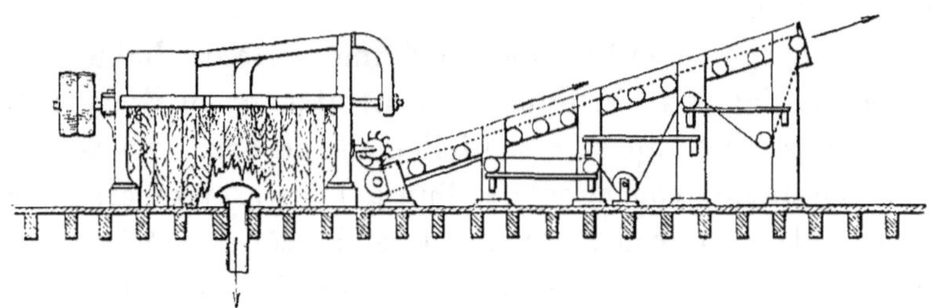

Fig. 11.

Si cependant on tient à opérer ce triage en ce point de la fabrication, on utilise un duster continué par une toile sans fin sur laquelle s'étale l'alfa et qui le conduit à la salle des lessiveurs ; de chaque côté de cette toile sont placées quelques femmes échelonnées sur des gradins disposés à cet effet ; ces femmes enlèvent les herbes et pieds à mesure qu'ils se présentent au passage (*fig.* 11).

Le produit du nettoyage et du triage de l'alfa varie de 1/2 à 2 0/0, il ne doit jamais excéder 2 1/2 0/0 ; s'il dépassait ce chiffre, c'est qu'on aurait affaire à un fournisseur peu consciencieux et dont les alfas sont mal préparés.

§ 11. **Lessivage à la soude. — Quantité nécessaire.** — L'alfa ne se lessive qu'à la soude caustique, et, pour que le lessivage soit bon, cette soude ne doit contenir qu'une faible proportion de carbonate non caustifié. La présence de la chaux doit être évitée avec soin, car elle forme avec les pectates organiques contenus dans la plante, un pectate de chaux insoluble qu'il est ensuite impossible d'éliminer. Il faudra donc caustifier avec soin le carbonate de soude et l'amener à au moins 95 0/0 de causticité et laisser les lessives se déposer et se clarifier suffisamment pour éviter la présence d'une quantité appréciable de chaux.

Le lessivage de l'alfa demande environ 12 0/0 de son poids de soude caustique à 60 0/0 ; cette quantité n'est pas absolue et varie un peu en plus ou en moins suivant le degré de maturité, la provenance, la durée de magasinage des stocks, son état de siccité et la pression employée dans les autoclaves. Cette quantité de 12 0/0 est celle correspondant à un lessivage sous 3 kilogrammes de pression pour un alfa qui n'a pas un an de magasin. Ce n'est une économie de lessiver ni à basse pression ni à pression trop élevée, car dans le premier cas il faut augmenter notablement la quantité de soude et, dans le second cas, les déperditions de chaleur deviennent plus grandes, tout en ne gagnant rien sur la quantité de soude nécessaire. Dans un lessivage à 3 kilogrammes bien conduit, toute la soude doit être utilisée, et il ne doit pas en rester une proportion appréciable non neutralisée.

La durée d'un lessivage à 3 kilogrammes est d'environ trois heures.

§ 12. **Titre commercial des soudes.** — Le prix des soudes et des sels de soude s'établit d'après la richesse totale en alcali ; cette richesse s'exprime en degrés déterminés par la méthode des liqueurs titrées. Le degré au titre alcalimétrique n'est qu'une mesure comparative conventionnelle ; c'est pourquoi elle varie d'un pays à l'autre.

En France, les soudes se vendent aux degrés *Descroizilles*, qui donnent la quantité d'acide sulfurique pur neutralisé par 100 parties de la soude à essayer. Ils représentent l'équivalent en poids en acide sulfurique de l'alcali. En Allemagne, le degré alcalimétrique employé représente le pour cent de carbonate de soude pur (Na^2CO^3) contenu dans la soude, tandis que les degrés anglais indiquent combien le produit contient d'oxyde de sodium (Na^2O) utilisable. Les degrés anglais ont été établis sur une base légèrement erronée, lorsque les équivalents n'étaient encore déterminés qu'avec une certaine incertitude; ils sont, de ce fait, un peu trop élevés; ils ont été remplacés depuis par l'échelle *Gay-Lussac*, établie sur la même base, mais avec plus d'exactitude.

§ 13. DEGRÉS DE QUELQUES PRODUITS PUR SODÉS

PRODUITS	DEGRÉS DESCROIZILLES H^2SO^4	DEGRÉS GAY-LUSSAC Na^2O	DEGRÉS ALLEMANDS Na^2CO^2	ANCIENS degrés ANGLAIS
Oxyde de sodium Na^2O..........	158,06	100,00	170,96	159,64
Soude caustique NaOH..........	122,25	77,25	132,50	123,47
Carbonate de soude Na^2CO^3......	92,45	58,49	100,00	93,37
Cristaux de soude $Na^2CO^3,10H^2O$.	34,27	21,67	37,06	34,61
Bicarbonate de soude $NaHCO^3$...	58,33	36,90	63,08	58,91

Exemple. — Une soude a pour composition :

	EN 0/0	DEGRÉS ALLEMANDS Na^2CO^2	DEGRÉS ANGLAIS Na^2O	DEGRÉS DESCROIZILLES H^2SO^4
Carbonate de soude Na^2CO^3.....	80,16	80,16	46,88	74,11
Soude caustique NaOH.........	16,40	21,73	12,71	20,09
Sulfure de sodium NaS.........	0,25	0,24	0,14	0,22
Autres matières..............	3,19	»	»	»
	100,00	102,13	59,73	94,42

TABLEAU POUR LA CONVERSION DES DEGRÉS COMMERCIAUX DES SOUDES (1)

DEGRÉS GAY-LUSSAC	DEGRÉS ALLEMANDS	DEGRÉS ANGLAIS	DEGRÉS FRANÇAIS Descroizilles	DEGRÉS GAY-LUSSAC	DEGRÉS ALLEMANDS	DEGRÉS ANGLAIS	DEGRÉS FRANÇAIS Descroizilles
1	1,71	1,01	1,58	39	66,68	39,51	61,64
2	3,42	2,03	3,16	40	68,39	40,52	63,22
3	5,13	3,04	4,74	41	70,10	41,54	64,81
4	6,84	4,05	6,32	42	71,81	42,55	66,39
5	8,55	5,06	7,90	43	73,52	43,57	67,97
6	10,26	6,08	9,48	44	75,23	44,58	69,55
7	11,97	7,09	11,06	45	76,94	45,59	71,13
8	13,68	8,10	12,64	46	78,66	46,60	72,71
9	15,39	9,12	14,22	47	80,37	47,62	74,29
10	17,10	10,13	15,81	48	82,00	48,63	75,87
11	18,81	11,14	17,39	49	83,78	49,64	77,45
12	20,52	12,17	18,97	50	85,48	50,66	79,03
13	22,23	13,17	20,55	51	87,19	51,67	80,61
14	23,94	14,18	22,13	52	88,90	52,68	82,19
15	25,65	15,19	23,71	53	90,61	53,70	83,77
16	27,36	16,21	25,29	54	92,32	54,71	85,35
17	29,07	17,22	26,87	55	94,03	55,72	86,93
18	30,78	18,23	28,45	56	95,74	56,74	88,52
19	32,49	19,25	30,03	57	97,45	57,75	90,10
20	34,20	20,26	31,61	58	99,16	58,76	91,68
21	35,91	21,27	33,19	59	100,87	59,77	93,26
22	37,62	22,29	34,77	60	102,58	60,79	94,84
23	39,33	23,30	36,35	61	104,30	61,81	96,42
24	41,04	24,31	37,93	62	106,01	62,82	98,00
25	42,75	25,32	39,51	63	107,72	63,83	99,58
26	44,46	26,34	41,09	64	109,43	64,84	101,16
27	46,17	27,35	42,67	65	111,14	65,85	102,74
28	47,83	28,36	44,25	66	112,85	66,87	104,32
29	49,59	29,38	45,83	67	114,56	67,88	105,90
30	51,29	30,39	47,42	68	116,27	68,89	107,48
31	53,00	31,41	49,00	69	117,98	69,91	109,06
32	54,71	32,42	50,58	70	119,69	70,92	110,64
33	56,42	33,43	52,16	71	121,39	71,93	112,23
34	58,13	34,44	53,74	72	123,10	72,95	113,81
35	59,84	35,46	55,32	73	124,81	73,96	115,39
36	61,55	36,47	56,90	74	126,52	74,97	116,97
37	63,26	37,48	58,48	75	128,23	75,99	118,55
38	64,97	38,50	60,06	76	129,94	77,00	120,13

(1) D'après G. Lunge.

DENSITÉS DES LESSIVES DE SOUDE CAUSTIQUE A 15° (LUNGE)

DENSITÉ	DEGRÉS BAUMÉ	DEGRÉS TWADDLE	Na^2O 0/0	NaOH 0/0	1 MÈTRE CUBE CONTIENT : KILOG :		
					Na^2O	NaOH	soude à 60 0/0
1,070	1	1,4	0,47	0,61	4	6	6,67
1,014	2	2,8	0,93	1,20	9	12	15,00
1,022	3	4,4	1,55	2,00	16	21	26,67
1,029	4	5,8	2,10	2,71	22	28	36,67
1,036	5	7,2	2,60	3,35	27	35	45,00
1,045	6	9,0	3,10	4,00	32	42	53,30
1,052	7	10,4	3,60	4,64	38	49	63,33
1,060	8	12,0	4,10	5,29	43	56	71,67
1,067	9	13,4	4,55	5,87	49	63	81,67
1,075	10	15,0	5,08	6,55	55	70	91,67
1,083	11	16,6	5,67	7,31	61	79	101,67
1,091	12	18,2	6,20	8,00	68	87	113,33
1,100	13	20,0	6,73	8,68	74	95	123,33
1,108	14	21,6	7,30	9,42	81	104	135,00
1,116	15	23,2	7,80	10,06	87	112	145,00
1,125	16	25,0	8,50	10,97	96	123	160,00
1,134	17	26,8	9,18	11,84	104	134	173,33
1,142	18	28,4	9,80	12,64	112	144	186,67
1,152	19	30,4	10,50	13,55	121	156	201,67
1,162	20	32,4	11,14	14,37	129	167	215,00
1,171	21	34,2	11,73	15,13	137	177	228,33
1,180	22	36,0	12,33	15,91	146	188	243,33
1,190	23	38,0	13,00	16,76	155	200	258,33
1,200	24	40,0	13,70	17,67	164	212	273,33
1,210	25	42,0	14,40	18,58	174	225	290,00
1,220	26	44,0	15,18	19,58	185	239	308,33
1,231	27	46,2	15,96	20,59	196	253	326,67
1,241	28	48,2	16,76	21,42	208	266	346,67
1,252	29	50,4	17,55	22,64	220	283	366,67
1,263	30	52,6	18,35	23,67	232	299	386,67
1,274	31	54,8	19,23	24,81	245	316	408,33
1,285	32	57,0	20,00	25,80	257	332	428,33
1,297	33	59,4	20,80	26,83	270	348	450,00
1,308	34	61,6	21,55	27,80	282	364	470,00
1,320	35	64,0	22,35	28,83	295	381	491,67
1,332	36	66,4	23,20	29,93	309	399	515,00
1,345	37	69,0	24,20	31,22	326	420	543,33
1,357	38	71,4	25,17	32,47	342	441	570,00
1,370	39	74,0	26,12	26,12	359	462	596,67
1,383	40	76,6	27,10	27,10	375	483	625,00
1,397	41	79,4	28,10	28,10	392	506	653,33
1,410	42	82,0	29,05	29,05	410	528	683,33
1,424	43	84,8	30,08	30,08	428	553	713,33
1,438	44	87,6	31,00	31,00	446	575	743,33
1,453	45	90,6	32,10	32,10	466	602	776,67
1,468	46	93,6	33,20	33,20	487	629	811,67
1,483	47	96,6	34,40	34,40	510	658	850,00
1,498	48	99,6	35,70	35,70	535	691	891,67
1,514	49	102,8	36,90	36,90	559	721	931,67
1,530	50	106,0	38,00	38,00	581	750	968,33

§ 14. **Produits sodés commerciaux.** — On trouve dans le commerce différents produits, qui sont:

1° *La soude caustique* NaOH. — La soude caustique crème forme une masse friable cristalline et contient 60 0/0 d'alcali; ce produit convient parfaitement à la fabrication des pâtes à papiers.

La soude blanche, également à 60 0/0 d'alcali en masse blanche et dure, plus blanche que la précédente, est cependant moins pure et plus chère. Elle contient une notable quantité de sel marin, qui y a été ajouté pour réduire son degré alcalimétrique, et du nitre pour oxyder les sulfures et autres corps qui colorent la soude crème.

La soude blanche à 70 0/0 d'alcali ressemble beaucoup à la précédente, mais plus pure et d'un prix élevé.

Toutes ces soudes sont vendues en barils de tôle d'environ 200 kilogrammes.

COMPOSITION MOYENNE DE CES SOUDES CAUSTIQUES

DÉSIGNATIONS	CRÈME 60 0/0 MORRISON	BLANCHE 60 0/0 DAVIS	BLANCHE 70 0/0 DAVIS
Hydrate de sodium	70,00	75,25	89,60
Carbonate de —	5,00	2,53	2,48
Chlorure de —	7,00	17,40	3,92
Sulfate de —	2,00	4,40	3,42
Sulfure de —	»	0,03	0,02
Silicate de —	»	0,30	0,30
Aluminate de —	»	traces	traces
Eau	18,80	»	»
Matières insolubles	0,20	»	»
	103,00	99,91	99,74

2° *Sel de soude ou soude raffinée, carbonate de soude.* — En France, on distingue le *sel de soude caustique*, qui contient jusqu'à 20 0/0 de soude caustique, et le *sel de soude carbonaté*, qui n'en contient pas. En Angleterre, le premier se vend sous le nom de *prima soda*, tandis que le second, est le *secunda soda*. Ces sels de soude se vendent à des degrés très variables ; mais le meilleur à caustifier à l'usine pour les besoins de la papeterie est sans contredit le carbonate fabriqué par la maison Solway et Cie et qui est à 90-92° Descroizilles. Ce produit très blanc, très pur et d'un prix relativement bas, est livré sous forme de poudre blanche amorphe et en sacs de 100 kilogrammes.

3° *Cristaux de soude.* — C'est un carbonate de soude cristallisé avec 10 molécules ou 60 0/0 d'eau ; il est sous forme de grands cristaux blancs et transparents. Ce produit n'a aucun intérêt pour la papeterie, en raison de la grande quantité d'eau qu'il contient.

§ 15. **Analyse des soudes.** — On aura à doser le carbonate de soude, la soude caustique et le chlorure de sodium ; nous ne nous occuperons pas des autres impuretés, qui intéressent peu les papetiers et sortent du cadre de cet ouvrage. Pour faire ces essais, on prélèvera plusieurs échantillons du produit à analyser puisés dans les différentes parties de la masse ; on les réunit en un seul après les avoir finement pulvérisés, et c'est sur cet ensemble que sera pris finalement l'échantillon sur lequel portera les essais.

1° *Détermination du degré.* — Pour déterminer le degré Descroizilles d'une soude, on se sert d'une solution normale d'acide sulfurique composée de 100 grammes d'acide sulfurique pur à 66° B., complétée d'eau distillée pour former 1 litre. Chaque centimètre cube de cette solution contient donc $0^{gr},1$ d'acide sulfurique.

Après avoir dissous 5 grammes de sel de soude à essayer dans 50 grammes d'eau et coloré avec quelques gouttes d'orange Poirier n° 3 ou de teinture de tournesol, on y verse goutte à goutte, au moyen d'une burette graduée, la solution normale d'acide sulfurique, jusqu'au point précis du virage de la teinture ; le nombre de demi-centimètres cubes de solution normale employés donnera directement le degré Descroizilles cherché. Cet essai est des plus simples et faciles à faire.

2° *Dosage de l'alcali total et du carbonate.* — On opère en deux fois : d'une part on dose l'alcali total et, d'autre part, l'alcali caustique ; la différence donne la proportion de carbonate de soude.

Pour faire le premier essai, on verse 10 centimètres cubes de la lessive à essayer dans un flacon de un demi-litre, et on complète avec de l'eau distillée ; ou bien on dissout 5 grammes du sel de soude à analyser dans 50 centimètres cubes d'eau, comme ci-dessus, pour la détermination du degré Descroizilles, et c'est alors avec 10 centimètres cubes de cette solution que l'on fait ensuite 1/2 litre.

On colore 25 centimètres cubes de cette solution avec quelques gouttes de méthylorange, et on neutralise à la burette jusqu'à virage de la couleur avec une solution normale d'acide chlorhydrique au 1/10e.

Chaque centimètre cube de cette solution normale d'acide chlorhydrique au 1/10e *multiplié par* 10,6, *donne en grammes la quantité d'alcali total par litre contenu dans la solution à essayer.*

Pour faire le deuxième essai, c'est-à-dire le dosage de l'alcali caustique, on opère encore sur 25 centimètres cubes de la solution précédente auxquels on ajoute d'abord 25 centimètres cubes d'une solution de chlorure de baryum, à raison de 12^{gr},20 de chlorure de baryum pur par litre d'eau, et on colore ce mélange avec de la *phénolphtaléine*. Avec une burette on verse la solution normale d'acide chlorhydrique au 1/10e jusqu'à disparition de la couleur rouge.

Chaque centimètre cube de la solution normale d'acide chlorhydrique au 1/10e *employé, multiplié par* 10,6, *donne en grammes la quantité d'alcali caustique par litre contenue dans la solution.*

En retranchant le nombre de grammes de soude caustique obtenu au deuxième essais de celui de l'alcali total obtenu au premier, on obtient la teneur du carbonate de soude par litre.

Exemple. — Supposons que le premier essai a demandé 8^{cm3}4 de solution normale d'acide chlorhydrique pour obtenir la coloration rouge de la liqueur à essayer :

$$8,4 \times 10,6 = 88^{gr},04,$$

d'alcali total par litre de lessive ; au deuxième essai, il a fallu 6^{cm3},1 de la liqueur normale pour arriver à la décoloration de la phénolphtaléine :

$$6{,}1 \times 10{,}6 = 64^{gr}{,}66,$$

de soude caustique par litre de lessive.

La différence :

$$88{,}04 - 64{,}66 = 23^{gr}{,}38,$$

soit 23gr,38 de carbonate de soude par litre.

La lessive à essayer contient donc en définitive par litre :

64gr,66 de soude caustique

et

23gr,38 de carbonate de soude [1].

Si cet essai est fait, par exemple, sur une solution de carbonate de soude que l'on caustifie à l'usine, il démontrerait que la caustification n'est pas poussée assez loin et qu'il y a encore :

$$\frac{23{,}38 \times 100}{64{,}66} = 36\ 0/0,$$

du carbonate de soude non transformé en soude caustique.

Dosage du sel marin. — Ce dosage se fait rapidement et facilement au moyen d'une solution titrée de nitrate d'argent, à raison de 29gr,31 de nitrate par litre d'eau, et indique 0gr,01 de chlorure de sodium par centimètre cube employé à la burette ; on colore la solution à essayer avec quelques gouttes de teinture de tournesol.

Cet essai peut être faussé par la présence d'une notable quantité de sulfure de sodium contenu dans les soudes caustiques.

§ 16. **Caustification du carbonate de soude.** — Comme nous l'avons vu, le meilleur carbonate de soude à employer et le plus économique est le carbonate Solway à 90-92° Descroizilles; pour caustifier 100 kilogrammes de ce carbonate, il faut théoriquement 56 kilogrammes de bonne chaux vive; mais pratiquement il faudra en employer de 60 à 70 kilogrammes, suivant son état hygrométrique. Il faut choisir de la chaux fraîchement cuite et non encore fusée, exempte d'une trop grande quantité de pierres et d'incuits.

[1] Regio.

Le principe de la caustification est représenté par la formule chimique :

$$\underset{\text{Carbonate de soude}}{Na^2CO^3} + \underset{\text{Chaux}}{CaOH^2O} = \underset{\text{Soude caustique}}{2NaOH} + \underset{\text{Carbonate de chaux}}{CaOCO^3}$$

et l'opération consiste à dissoudre le carbonate de soude dans une certaine quantité d'eau, à porter cette solution à l'ébullition, soit à feu nu, soit au moyen d'un jet de vapeur, et à la maintenir, après y avoir ajouté la chaux nécessaire, pendant le temps nécessaire et variable suivant la forme des appareils employés, jusqu'à ce que le carbonate de soude soit décomposé et transformé en soude caustique; tandis que la chaux absorbe l'acide carbonique pour former du carbonate de chaux.

Il ne faut pas que la solution de carbonate de soude soit trop concentrée et dépasse environ 20° B. correspondant approximativement à 200 kilogrammes de carbonate de soude par mètre cube d'eau, car dans une solution plus forte la réaction est réversible; la soude caustique, à mesure qu'elle se forme, réagit sur le carbonate de chaux pour reformer du carbonate de soude.

G. Lunge a déterminé les limites de la transformation du carbonate de soude en soude caustique par l'action de la chaux dans des solutions de plus en plus concentrées, et le tableau suivant donne le résumé de cette étude :

LIMITES DE LA CAUSTIFICATION DU CARBONATE DE SOUDE SUIVANT LE DEGRÉ DE CONCENTRATION (G. Lunge)

LA LESSIVE CONTIENT DE CARBONATE DE SOUDE		DENSITÉ de la SOLUTION A 15°	DEGRÉS BAUMÉ	Après la caustification, il y a 100 parties de soude à l'état de soude caustique
0/0	par mètre cube			
	kilos			
2	20	1,022	2	99,4 à 99,3
5	50	1,052	5	99,0 à 99,2
10	100	1,107	10	97,2 à 97,4
12	120	1,127	12	96,8 à 96,2
14	140	1,150	14	94,5 à 95,4
16	160	1,169	16	93,7 à 94,0
20	200	1,215	20	90,7 à 91,0

Comme on le voit, la quantité du carbonate caustifié diminue rapidement à mesure que la concentration augmente, et une proportion de 20 0/0 de carbonate de soude, ou 200 kilogrammes par mètre cube, est déjà une concentration élevée qu'il ne faut pas dépasser et à laquelle on n'obtient plus que 90 0/0 de soude caustique. Or, comme le carbonate de soude n'a aucun pouvoir lessivant, c'est donc 10 0/0 de ce produit qui n'est pas utilisé ; aussi, si les circonstances le permettent, faut-il s'en tenir à une concentration moitié moins grande pour obtenir un rendement de 95 0/0.

La caustification sous pression n'a pas d'intérêt, comme l'a également démontré G. Lunge, et n'augmente pas sensiblement le rendement en soude caustique, ainsi que le démontre le tableau suivant comparé au précédent.

La lessive contient 0/0 de carbonate de soude	Caustification à 143-148 degrés centigrades ou 5 à 6 kilos de pression. — Il y a 100 parties de soude caustifiée.
10	97,06 à 97,50
12	96,35 à 96,80
14	95,60 à 96,80
16	95,40 à 94,80
20	91,66 à 91,61

Il existe bien des modèles de caustificateurs, mais tous ne caustifient pas également bien ; il faut choisir ceux capables de caustifier économiquement dans le minimum de temps et avec le moins de combustible et main-d'œuvre possible ; il faut tenir compte aussi de la proportion de carbonate caustifié, proportion qui dépend beaucoup de la forme des appareils et du mode de brassage. Ce brassage doit être énergique et doit mettre constamment la chaux en contact intime avec la solution ; il peut être mécanique, par insufflation d'air ou par injection de vapeur.

Nous décrirons ici deux modèles qui caractérisent tous les autres.

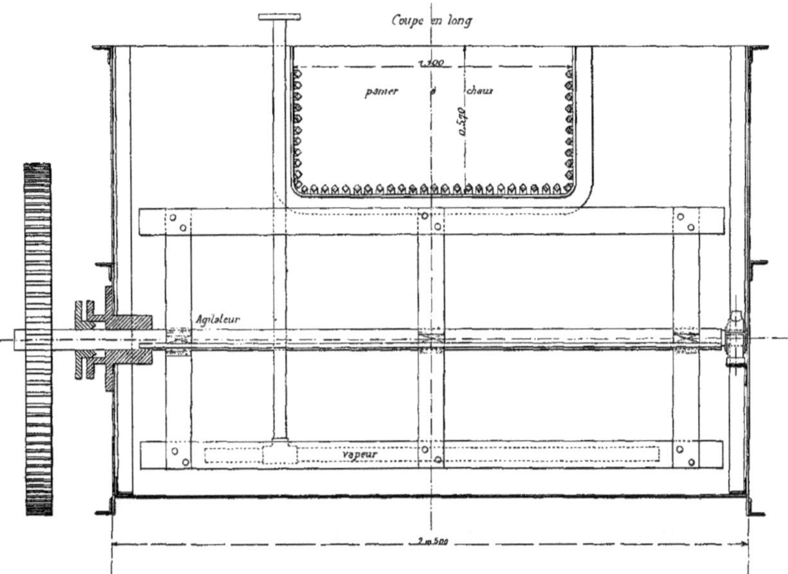

Fig. 12. — Caustificateur Solway.

Caustificateur fixe type Solway. — Ce caustificateur se compose d'un réservoir de $2^m,500$ de long sur $1^m,500$ de largeur, à fond demi-cylindrique et d'une contenance de 5 mètres cubes environ; sa hauteur totale est de $1^m,800$.

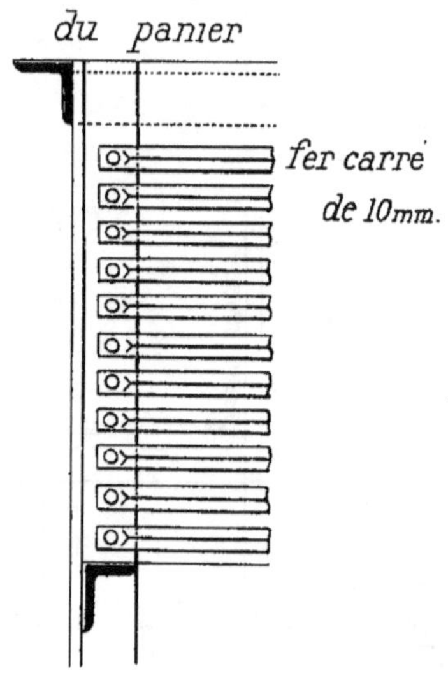

Fig. 13.

A sa partie supérieure se trouve un panier en barreaux de fers carrés fixe et destiné à recevoir la chaux vive, un agitateur mécanique faisant de vingt à vingt-cinq tours à la minute, muni de quatre lames, et disposé dans le sens de la longueur du caustificateur; l'axe horizontal traverse l'une des parois par une boîte à amiante et reçoit son mouvement d'un système d'engrenages et poulies. Un tuyau de vapeur rampant dans le fond et percé de petits trous amène la vapeur de chauffage. Cet appareil peut caustifier de 500 à 600 kilogrammes de carbonate de soude par opération et peut en faire de 6 à 8 en vingt-quatre heures.

Pour effectuer une de ces opérations, on verse dans l'appareil environ 3 mètres cubes d'eau que l'on porte à 80° C. en même temps qu'on introduit le carbonate; quand il est dissous on met

65 0/0 de chaux vive du poids du carbonate dans le panier; cette chaux provoqueuen forte élévation de température en se délitant rapidement; on laisse la vapeur agir jusqu'à ce que la tempéra-

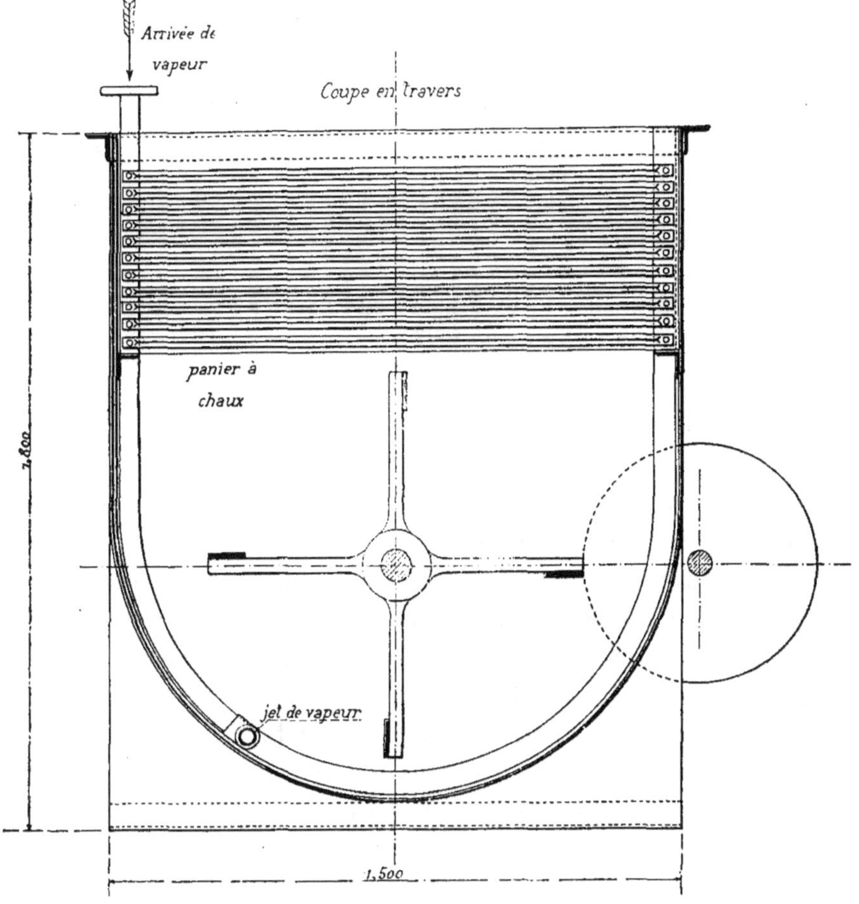

Fig. 14.

ture atteigne 98° environ, et on fait fonctionner l'agitateur pendant une heure, puis on envoie la lessive dans les appareils à filtrer ou à décanter. D'après l'auteur, ce caustificateur donne les rendements suivants aux différentes concentrations de :

14 degrés Baumé	....	93,0 0/0
15 —	....	92,5 —
16 —	....	92,0 —
17 —	....	91,0 —
18 —	....	90,0 —
19 —	....	89,0 —
20 —	....	88,0 —

Ainsi 1 mètre cube de lessive à 18° contient :

Soude caustique................	127 grammes par litre
Carbonate de soude...........	17 — —

et a demandé :

180 kilogrammes de carbonate à 90-92 degrés Descroizilles ;
117 — de chaux vive ;
50 — de charbon.

D'après ces données, il est facile de déterminer le prix de revient du mètre cube de lessive.

Caustificateur H. de Montessus. — Ce caustificateur se compose d'un réservoir cylindrique A monté sur deux tourillons creux (T), par l'un desquels arrive la vapeur nécessaire au chauffage et s'échappe par l'autre. Ce réservoir est muni à l'intérieur de six ailettes qui produisent le brassage pendant la rotation et ramènent constamment la chaux à la surface de la solution de carbonate ; un trou d'homme avec fermeture étanche sert au chargement, et un robinet de vidange permet l'écoulement de la lessive terminée dans les bacs de décantation.

Le modèle dont le réservoir a une longueur de 2 mètres et un diamètre de 1^{m},500, a un volume total de 3.500 litres et un volume utile de 2.500, si on le charge de :

Carbonate de soude à 90-92 degrés Descroizilles.	250 kilogrammes
Chaux vive.................................	150 —
Eau..	2.000 litres
On obtiendra..................	2.500 litres

de lessive à environ 12° B., la différence d'eau étant comblée par la vapeur de chauffage condensée.

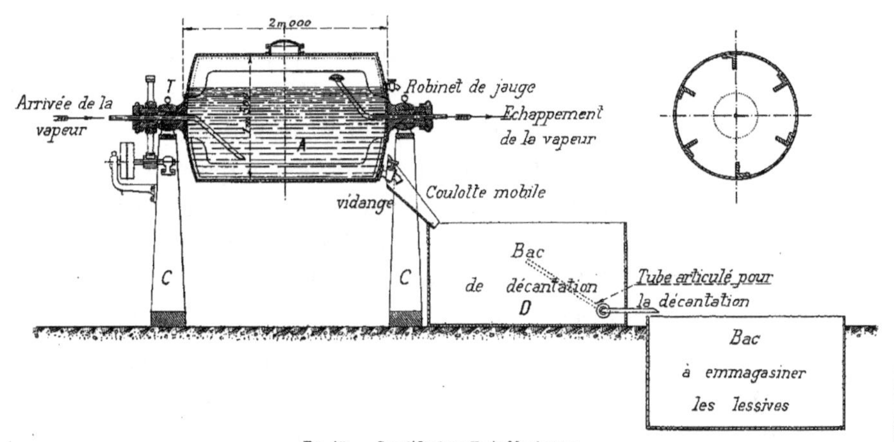

Fig. 15. — Caustificateur H. de Montessus.

La vitesse de rotation est de quatre à cinq tours par minute et la durée de la caustification de une heure après la mise en ébullition du liquide.

Pour faire une caustification, on introduit d'abord dans l'appareil la quantité d'eau nécessaire, quantité qui est déterminée par un robinet de jauge convenablement placé, puis le carbonate de soude; après quoi, tout en laissant le trou d'homme ouvert et l'appareil immobile, on porte ce liquide à une température voisine de l'ébullition en ouvrant le robinet d'arrivée de vapeur, on introduit alors rapidement la quantité de chaux nécessaire et pesée d'avance, on ferme le trou d'homme et on met le réservoir en rotation. Au bout d'une heure on peut prélever un échantillon du liquide par le robinet de jauge et en faire l'essai. Si la caustification est jugée suffisante, on arrête la rotation et l'on fait écouler immédiatement, sans attendre que le carbonate de chaux se dépose, tout le liquide dans le bac de décantation. Au bout de quelque temps le carbonate est déposé et la lessive est claire, on la décante avec précaution dans le réservoir à réserve de lessive, au moyen du tube articulé placé à cet effet. Dans le bac de décantation, la lessive est remplacée par de l'eau dans laquelle on brasse le carbonate de chaux pour le laver et lui enlever la notable quantité de lessive qu'il retient; cette eau de lavage est remontée par une pompe au caustificateur et sert à une opération suivante. On peut même faire un deuxième lavage si on le juge à propos.

§ 17. **Filtrage des lessives.** — Au lieu de décanter simplement des lessives, quel que soit le mode de caustification qu'on emploie, on peut les filtrer. Ce filtrage est surtout très utile si on récupère et caustifie le carbonate de soude provenant des eaux de lessivage, car dans ce cas il contient des particules charbonneuses légères qui se déposent mal par la décantation seule. La maison *Solway* a créé un modèle de filtre qui semble bien répondre à ce besoin : il se compose d'un réservoir en tôle de $3^m,500$ de longueur, de $1^m,500$ de large et de 2 mètres de profondeur. Ce réservoir est muni, vers le milieu de sa hauteur, d'une cloison filtrante supportée par des fers double T rivés aux parois ; sur ces fers reposent des barreaux carrés portant un parement en briques à plat jointives sans ciment. Cette surface en briques est recouverte d'une couche de mâchefer de 30 centimètres d'épaisseur, recouverte elle-même d'un second pavement analogue au premier. La couche de mâchefer comprend des morceaux assez gros à la partie inférieure, qui vont en diminuant jusqu'à n'être plus que des poussières à la surface. Le liquide filtré est repris par une pompe dont le tuyau d'aspiration est à 5 ou 6 centimètres du fond. Quand la lessive baignant les boues est filtrée, on verse sur celles-ci de l'eau chaude par portion de 1 mètre cube environ pour récupérer la soude caustique ; les premières eaux, très riches en soude, peuvent être réunies à la lessive, tandis que les dernières seront employées pour dissoudre le carbonate dans une opération subséquente du caustificateur. Les boues lavées et égouttées sont enlevées à la pelle.

Ce filtre peut faire trois à quatre opérations par vingt-quatre heures et fournir de 12 à 15 mètres cubes de lessive claire ; pour une installation plus forte, on peut multiplier les filtres, tout en n'ayant qu'un caustificateur.

§ 18. **Lessivage de l'alfa.** — Le lessivage de l'alfa ne doit jamais se faire en lessiveur rotatif mais toujours en lessiveur fixe, le lessivage en rotatif produit des boules compactes d'alfa dont l'intérieur se lessive mal. Les lessiveurs employés pour l'alfa sont cylindriques, fixes, verticaux, et la circulation de la lessive se fait automatiquement par l'effet de la vapeur de cuisson.

Le lessivage le plus économique est celui qui se fait sous une pression de 2 à 3 kilogrammes; il dure de trois à quatre heures ; nous avons indiqué, au paragraphe 11, la quantité de soude nécessaire ; nous n'y reviendrons donc pas.

Lessiveur à circulation par tube central, type dit à vomissement. — Ce lessiveur est le plus couramment employé : il se compose d'un corps cylindrique (A), terminé par deux calottes hémisphériques ; à la naissance de la calotte inférieure est un faux-fond perforé (F), deux portes P et (P′) servent l'une au chargement et l'autre au déchargement de l'alfa. La circulation de la lessive est produite par la vapeur de chauffage arrivant par un tube central (*t*) descendant jusque près du fond du lessiveur, ce tube de vapeur est entouré d'un autre tube (T) descendant un peu plus bas ; la lessive, sous l'effet de la vapeur, remonte régulièrement

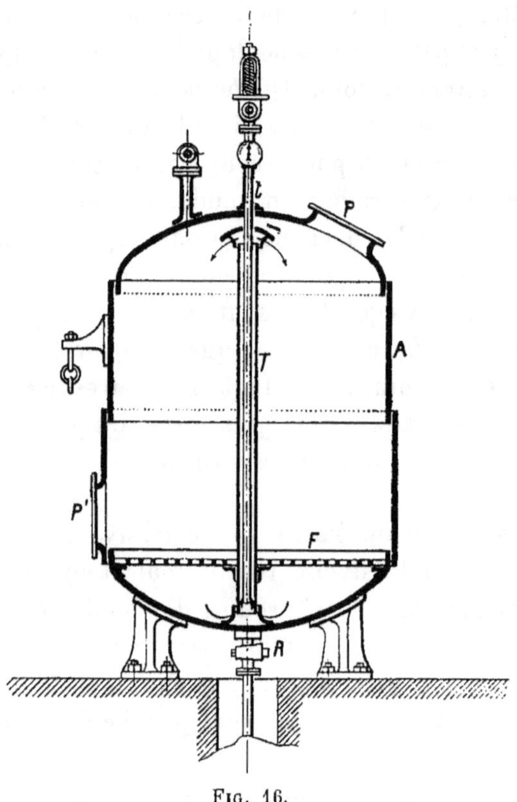

Fig. 16.

et automatiquement par l'espace annulaire laissé entre ces deux tubes et est projetée et dispersée sur l'alfa par un chapeau (C) disposé à cet effet à la partie supérieure.

Ce lessiveur donne de très bons résultats, mais les tuyaux de vapeur et de projection gênent considérablement le chargement et le déchargement ; aussi est-il souvent remplacé par un autre modèle où la circulation de la lessive est obtenue par un appareil analogue aux injecteurs et portant le nom de son inventeur *Kœrting*.

Lessiveur avec kœrting. — Ce lessiveur a la même forme que le précédent, il n'en diffère que par la disposition des tubes de vapeur; la figure 17 le fait suffisamment comprendre :

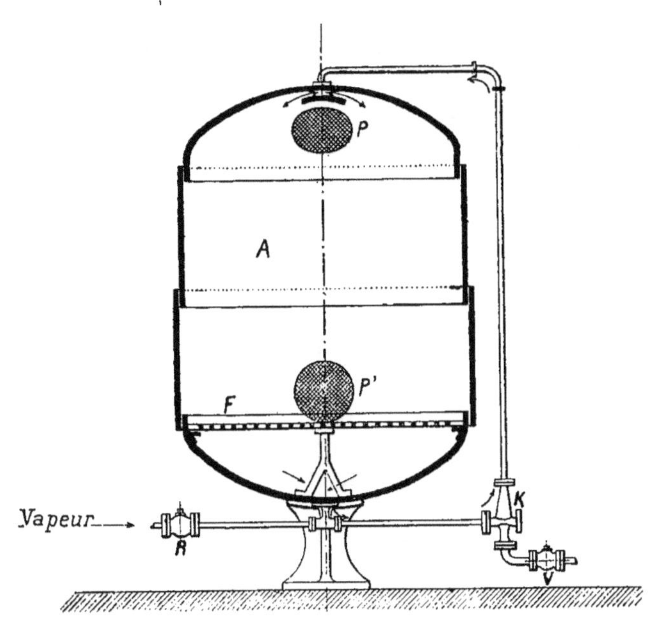

Fig. 17.

A est le corps du lessiveur;
PP', les portes de chargement et déchargement;
F, le double fond perforé;
R, le robinet d'écoulement de la lessive;
V, l'arrivée de vapeur;
K, le kœrting ou injecteur;
C, le champignon pour répartir la lessive sur l'alfa.

Lessiveur Sinclair. — Ce lessiveur est basé sur le même principe que le lessiveur à vomissement; mais la lessive, au lieu de remonter par un tube central très gênant, remonte par deux espaces (E) opposés ménagés entre les parois du lessiveur et une tôle mince rivée contre celle-ci; la lessive est répartie également sur l'alfa à lessiver au moyen d'un deuxième double fond perforé placé à la partie supérieure symétriquement au premier.

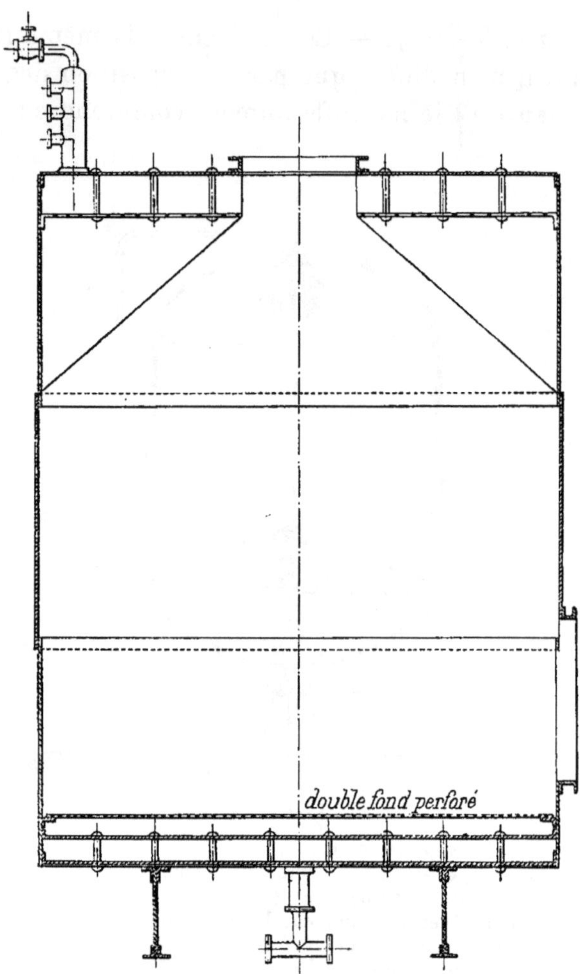

Fig. 18. — Lessiveur Sinclair.

A, corps du lessiveur;
F, double fond perforé;
F', deuxième double fond pour répartir également la lessive remontée;
E, espaces pour l'ascension de la lessive;
V, arrivée de vapeur;
R, vidange.

Chargement des lessiveurs et lessivage. — Le chargement des lessiveurs est assez pénible, surtout si l'on emploie le duster pour le nettoyage de l'alfa qui, de ce fait, foisonne beaucoup et occupe un espace considérable pour un faible poids ; aussi faut-il bourrer énergiquement le lessiveur avec de forts ringards pour y introduire une quantité notable de matière. Le mieux est d'opérer de la façon suivante : on commence par amener dans le lessiveur une certaine quantité de lessive, et on ouvre l'arrivée de vapeur pour la porter à l'ébullition et produire sa circulation,puis on introduit progressivement l'alfa en le ringardant ; à mesure qu'il entre en contact avec la lessive bouillante,il se ramollit et se tasse facilement ; quand le chargement est terminé, on amène le reste de lessive, on ferme la porte et on fait monter rapidement la pression.

Pour un bon lessivage il faut, pour 100 kilogrammes d'alfa sec, de 12 à 13 kilogrammes de soude caustique, représentant la caustification de 18 à 20 kilogrammes de carbonate à 90/92° Descroizilles, et une cuisson de trois heures sous une pression de 3 kilogrammes. Ces chiffres ne sont pas absolus et varient un peu avec les lots d'alfa, son état de maturité et sa provenance. On reconnaît que la cuisson est suffisante quand, en en prenant une poignée des deux mains, on en obtient assez facilement la rupture ; un manque de cuisson correspondant à une désincrustation insuffisante des matières non cellulosiques, rend le défilage difficile et le blanchiment impossible ; une trop grande cuisson, au contraire, entraîne la formation inévitable des *boutons* dans les opérations subséquentes et rend la pâte inutilisable.

Ce lessivage ne présente, en réalité, aucune difficulté et demande simplement une certaine habitude du gouverneur pour l'arrêter exactement au point voulu et obtenir un alfa ni trop cuit ni trop rêche. Quand la cuisson est terminée, on fait tomber la pression, on écoule la lessive brune dans un réservoir *ad hoc*, et on fait dans le lessiveur même au moins un lavage à l'eau ; à cet effet on remplace la lessive écoulée par de l'eau qu'on porte à l'ébullition et qu'on laisse circuler quelques instants pour enlever la plus grande quantité de la lessive qui imprégne la plante ; cette eau aessz chargée peut-être jointe à la lessive brune en vue de la récupération de la soude. Si le déchargement doit être effectué de suite, il faut le noyer d'eau froide pour provoquer un refroidissement suffisant de la masse et permettre aux hommes d'effectuer ce travail ; comme, malgré ces lavages, l'alfa reste encore imprégné d'une certaine quantité de soude, il faut munir les ouvriers de gantelets de caoutchouc pour éviter le ramollissement de l'épiderme et les plaies qui en résultent, et qui sont douloureuses et difficiles à guérir.

Bien des systèmes ont été proposés pour faciliter ce déchargement : adjonction de paniers mobiles, renversement des autoclaves, déchargement sous pression, etc..., mais aucun de ces moyens n'a, que je sache, donné des résultats pratiques, la seule précaution à prendre est de munir les autoclaves, s'ils sont d'une grande capacité, de deux portes de déchargement opposées l'une à l'autre et d'un grand diamètre.

ANALYSES D'ALFA LESSIVÉ SEC (1)

	ALFA DE KAIROUAN		ALFA DE GAFSA
	DE L'ANNÉE	DE 2 ANS	DE 2 ANS
Eau 0/0	12,8	10,8	10,4
Résidu d'épuisement par l'éther 0/0	2,5	2,4	2,5
— — l'alcool 0/0	4,3	4,6	5,4
— — l'eau 0/0	4,7	4,8	4,8
Cendres 0/0	3,1	2,6	2,7
Cellulose 0/0	46,8	47,6	47,4

Comme il l'a déjà été dit, la lessive employée pour le lessivage doit être parfaitement claire et limpide, car des traces de chaux formeraient, avec les substances pectiques de l'alfa, des pectates insolubles qu'il serait impossible d'éliminer par la suite.

(1) Laboratoire d'analyse de la Direction de l'Agriculture et du Commerce de Tunis, 1904.

TABLE DONNANT LA TEMPÉRATURE EN DEGRÉS CENTIGRADES
DE L'EAU CORRESPONDANT A UNE PRESSION DONNÉE EN KILOGRAMMES EFFECTIFS

VALEURS CORRESPONDANTES			
DE LA PRESSION EFFECTIVE en kilogrammes	DE LA TEMPÉRATURE en degrés centigrades	DE LA PRESSION EFFECTIVE en kilogrammes	DE LA TEMPÉRATURE en degrés centigrades
0,5	111	5,5	161
1,0	120	6,0	164
1,5	127	6,5	167
2,0	133	7,0	170
2,5	138	7,5	173
3,0	143	8,0	175
3,5	147	8,5	177
4,0	151	9,0	179
4,5	155	9,5	181
5,0	158	10,0	183

Capacité des lessiveurs. — Quel que soit le genre de lessiveur employé, le diamètre n'en doit pas être trop grand, car l'alfa contenu dans l'angle inférieur, sur le double fond perforé, serait mal cuit par suite d'une circulation défectueuse de la lessive en cette zone. Les constructeurs anglais admettent qu'un lessiveur dont le corps cylindrique a 2^{m},130 de diamètre pour une hauteur égale, avec deux fonds de 0^{m},400 de flèche, le double fond perforé étant à la naissance de la calotte inférieure, peut lessiver 1.000 kilogrammes d'alfa brut ; j'avoue que je n'ai jamais pu obtenir un aussi fort chargement, et j'engage à n'adopter ce volume que pour 900 kilogrammes au plus, ce qui correspond à un volume utile d'environ 900 litres pour 100 kilogrammes d'alfa.

Les plus grands lessiveurs qu'on construise en Angleterre ne dépassent pas 3.000 kilogrammes d'alfa; un lessiveur de cette contenance pourrait avoir un diamètre de 2^{m},200 pour une hauteur de 6 mètres.

Lessivage à air libre et lessivage à froid. — Le lessivage à air libre, qui a été quelquefois prôné, ne présente aucun avantage économique, car il demande une plus grande quantité de soude caustique que le lessivage sous pression ; cette soude est mal utilisée et, de plus, il n'y a aucune économie de vapeur, les déperditions par le manque de joint de la porte de chargement compensant largement la différence. Son seul avantage serait de faciliter le chargement en rendant mobile toute la calotte supérieure du lessiveur, mais ce faible avantage est obtenu au détriment d'une bonne cuisson et surtout d'une bonne utilisation de la vapeur et de la soude. Quand, dans un lessiveur sous pression, la pression de cuisson est obtenue, il ne faut plus qu'un très faible filet de vapeur pour produire la circulation de la lessive et compenser les pertes de chaleur par rayonnements, pertes qui peuvent être du reste rendues très faibles par un revêtement isolant des parois du lessiveur.

Quant au lessivage à froid, par une longue digestion de l'alfa dans une lessive de soude, on n'obtient qu'une désincrustation partielle de l'alfa, même en augmentant notablement la proportion de soude nécessaire et en facilitant son action par un broyage préalable de la plante ; on ne pourrait obtenir un résultat par ce procédé qu'en employant de jeunes feuilles d'alfa non arrivées à maturité ; mais, dans ce cas, la cellulose est encore trop tendre et sa proportion vis-à-vis des matières non cellulosiques plus faible ; de plus la fabrication serait réduite à une très courte période de l'année.

Lessive H. de Montessus. — La lessive de l'auteur est un mélange de soude caustique, de sulfate de soude et de sel marin, dans des proportions déterminées ; ce mélange donne une pâte plus ferme et moins molle que celle obtenue à la soude pure ; de plus elle a moins de tendance à se boutonner au défilage.

§ 19. **Action du lessivage sur l'alfa.** — Comme nous l'avons vu, l'alfa est composé d'environ 50 0/0 de fibres cellulosiques et de matières non cellulosiques dans une proportion à peu près égale, le lessivage doit dissoudre toutes celles-ci, c'est-à-dire les matières pectiques, les cires, les ciments cuticulaires, etc... Les photomicrographies (*fig.* 19) montrent bien la destruction des zones de parenchyme, contenant les pectates organiques. Ces pectates forment avec la soude des pectates de soude solubles ;

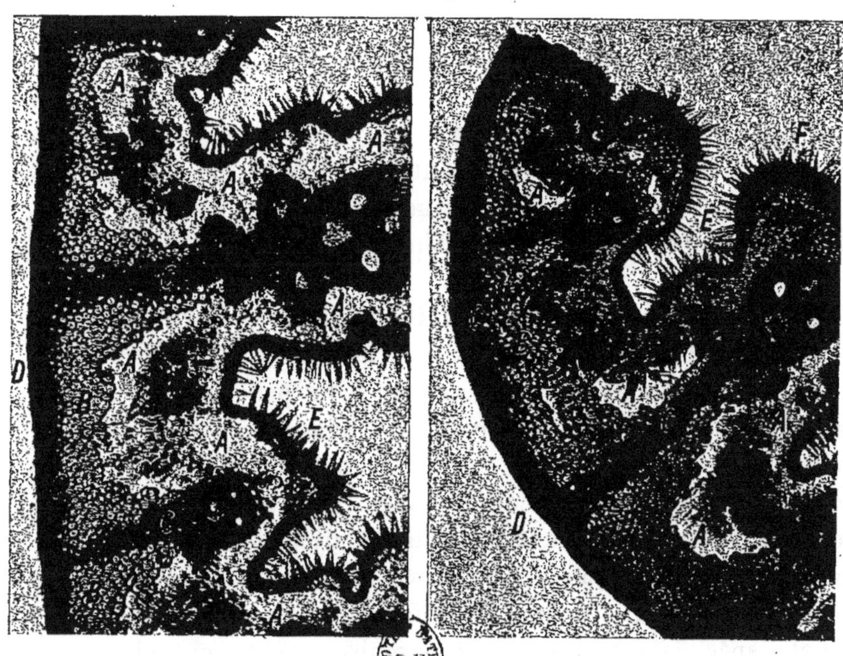

FIG. 19. — Photomicrographies d'Alfa après le lessivage. — Gross. 80 D.

A, matières pectiques détruites;
B, fibres;
C, fibres lignifiées;
D, écorce externe;
E, écorce interne, poils;
F, nervures.

la silice des ciments cuticulaires forme du silicate de soude ; quant aux cires et matières grasses, elles se dissolvent simplement. L'action du lessivage doit être assez énergique pour produire entièrement ces différentes réactions ou solutions, mais insuffisante pour venir attaquer les fibres de cellulose.

Les cires, gommes et matières grasses dissoutes peuvent être précipitées des lessives brunes par un acide, mais la proportion en est trop faible pour pouvoir les retirer économiquement et constituer un sous-produit ; quant aux pectates, plusieurs tentatives ont été faites inutilement jusqu'à ce jour, pour les transformer en acide acétique utilisable.

§ 20. **Récupération de la soude des lessives brunes.** — La récupération des lessives usées est intéressante, d'abord parce que la soude qu'on en retire revient à un prix bien inférieur à celui d'achat de la soude neuve, mais aussi parce qu'il est difficile de s'en débarrasser et qu'il est absolument interdit de les déverser dans les cours d'eau. Autrefois cette récupération demandait un matériel important et une installation coûteuse qui n'était pas à la portée des usines de moyenne et de petite importance ; mais aujourd'hui les appareils évaporatoires dits à multiples effets, spécialement créés par la maison *Scott*, ont changé la solution du problème et rendu cette récupération très pratique, même pour de petites installations. On admet que le carbonate de soude récupéré revient au prix de 3 fr. 75 les 100 kilogrammes, tandis qu'en France on l'achète 13 fr. 50, l'économie de la récupération est donc énorme, puisqu'on peut récupérer au moins 75 0/0 de la soude employée. Or, comme il faut près de 20 kilogrammes de carbonate caustifié pour lessiver 100 kilogrammes d'alfa, soit une dépense de 2 fr. 70, si on en récupère 75 0/0 à 3 fr. 75, la dépense ne sera plus que de :

25 0/0 ou 5 kilos à 13 fr. 50...............	0 fr. 675
75 — 15 — 3 fr. 75...............	0 fr. 570
	1 fr. 245

d'où une économie de 1 fr. 55 ou plus de 55 0/0.

Pour faire cette récupération, les lessives usées sont évaporées à siccité, dans un appareil convenable, et les composés sodiques obtenus, composés organiques instables, sont décomposés par la chaleur; on obtient finalement un carbonate de soude impur qui est repris par de l'eau et enfin caustifié à nouveau comme du carbonate neuf.

La quantité de soude récupérée varie entre 75 et 85 0/0 de la soude totale employée, et les différents systèmes reposent uniquement sur les divers modèles d'appareils évaporatoires, qui doivent être aussi économiques que possible.

La calcination des matières évaporées se fait soit sur une dalle de calcination, soit dans des fours tournants spéciaux; les matières non cellulosiques, dissoutes dans le lessivage, ajoutent leur pouvoir calorifique et est, en général, suffisant pour produire cette calcination, une fois les fours chauds, et s'il n'y a pas de refroidissement par arrêt.

Four Porion. — Le four Porion (*fig.* 20), se compose essentiellement d'une grande chambre en maçonnerie (CC), de près de 15 mètres de longueur et de 2m,200 de largeur, terminée à l'une de ses extrémités par une cheminée de 15 mètres de hauteur et de 2m,200 de diamètre. Les lessives à évaporer sont amenées à jet continu et réglé sur la partie arrière de la sole de cette chambre légèrement inclinée vers les foyers, et sont pulvérisées et projetées sur les voûtes par des palettes convenablement disposées et tournant à trois cents tours par minute; ces lessives présentent ainsi une grande surface d'évaporation aux gaz chauds provenant des quatre foyers (FF′), et suffisamment concentrées, coulent par deux canaux (AA′), placés extérieurement et latéralement au four, sur les soles S S′, où s'achève l'évaporation; les matières y sont ringardées et retirées de temps à autre par des portes latérales et étendues sur une aire où s'achève la combustion en produisant un carbonate de soude impur.

Un four Porion bien réglé ne doit pas laisser échapper dans la cheminée de gaz à une température supérieure à 85°, et doit produire 750 kilogrammes de carbonate de soude récupéré pour la combustion de 1.000 kilogrammes de houille. Ces chiffres ne sont

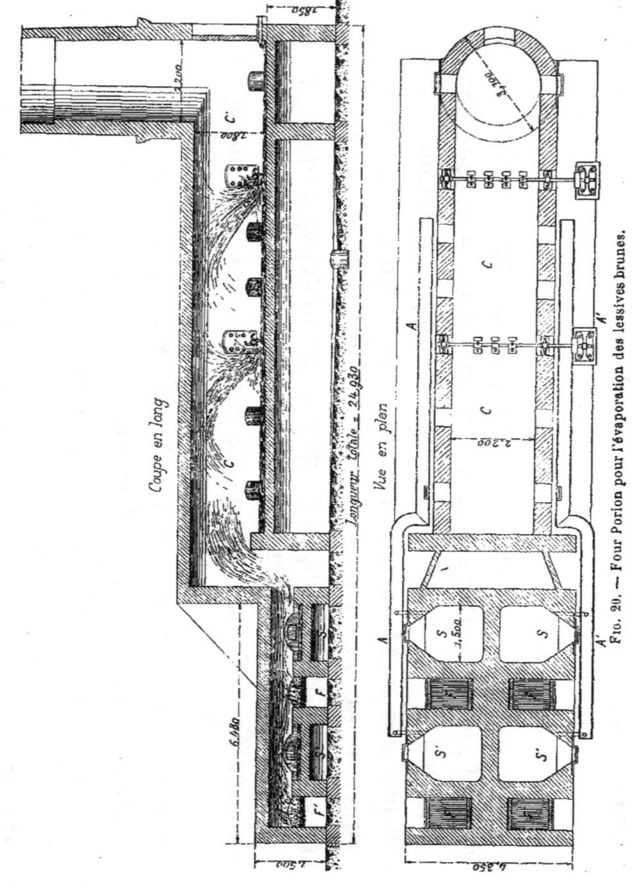

Fig. 20. — Four Porion pour l'évaporation des lessives brunes.

pas absolus et dépendent de la densité des lessives brunes, c'est-à-dire de la quantité d'eau qu'elles contiennent.

Le four Porion primitif a subi quelques modifications de détail de la part de MM. *Mengies* et *Davis*, et entre autres l'adjonction d'une chambre intercalée entre la chambre d'évaporation et les foyers pour continuer et rendre complète la combustion des gaz chauds.

Le grand défaut du four Porion, qui est du reste commun à tous les appareils à feu nu, est que les produits de la combustion étant en contact direct avec les liquides à évaporer, le soufre de la houille se combine à la soude pour former des sulfites, sulfures et sulfates de sodium, et constituer, de ce fait, une perte sensible de soude; car ces composés sulfureux ne sont qu'en partie décomposés pendant la caustification, et non seulement n'ont pas d'action lessivante, mais encore ternissent le brillant des fibres.

Multiples effets, système Scott. — Plusieurs constructeurs font des appareils dits *multiples effets* pour l'évaporation et la concentration économique des lessives; tous sont basés sur le même principe et ne diffèrent entre eux que par les formes des récipients. Nous décrirons ici celui de MM. Scott, de Glascow, qui paraît le mieux étudié et le plus parfait.

Les lessives brunes sont amenées dans un récipient complètement fermé et portées à l'ébullition par la circulation de vapeur à travers des tubes convenablement disposés à cet effet; cette vapeur est fournie par les générateurs de l'usine ou par l'échappement des machines à vapeur; l'ébullition de la lessive est facilitée par une pompe à vide, qui, diminuant la pression atmosphérique, abaisse le point d'ébullition. La vapeur produite par l'ébullition de cette lessive est conduite dans les tubes d'un second récipient analogue au premier, et sert à en échauffer une nouvelle quantité, qui subit également l'action de la pompe à vide, et qui remplacera celle du premier récipient lorsqu'elle sera assez concentrée, et ainsi de suite dans un troisième et quatrième récipient.

En résumé, la lessive passe successivement dans une série de chaudières fermées, en suivant une marche inverse à celle de la

Fig. 21. — Appareil évaporatoire quadruple effet, système Scott de Glascow.

Fig. 22. — Four système Scott, pour la calcination des carbonates de soude provenant de l'appareil évaporatoire.

vapeur, si bien que la lessive la plus concentrée reçoit l'action de la vapeur la plus chaude, et l'évaporation est d'autant plus économique qu'elle se fait sous l'influence d'une pompe à vide, c'est-à-dire à basse température. La circulation de la lessive d'une chaudière à l'autre est assurée par une pompe spéciale.

Suivant le nombre des chaudières, dépendant de la quantité de lessive à concentrer en vingt-quatre heures, et par conséquent de l'importance de l'usine, l'appareil est à double, triple ou quadruple effet.

La lessive sirupeuse qui en sort et marque environ 12° Baumé est calcinée, soit dans un petit four à réverbère, soit dans un four tournant, spécialement créé pour cet usage.

Un quadruple effet est capable de concentrer 100 mètres cubes de lessive par vingt-quatre heures; cet appareil est un des plus économiques qui ait été inventé, aussi son emploi se généralise de plus en plus. Les auteurs prétendent qu'il est capable d'évaporer 22 kilogrammes d'eau par kilogramme de houille employé.

Récupération chimique sans évaporation. — Il semble possible d'arriver à récupérer la soude des lessives usées sans produire l'évaporation du liquide et en mettant en jeu soit l'électricité, soit certaines réactions chimiques, comme celle de la chaux. Depuis plusieurs années, d'éminents praticiens cherchent cette solution, mais aucun résultat pratique n'a encore été obtenu, malgré les primes importantes offertes en Allemagne.

§ 21. **Composition des soudes récupérées.** — La composition des soudes récupérées varie un peu avec les appareils employés, MM. *Muller* et *Roger* donnent la composition moyenne suivante :

Carbonates de sodium et de potassium........	72,33
Hydrate —	1,93
Chlorure —	8,30
Sulfate —	3,95
Sulfite —	0,63
Silice.....................................	7,09
Carbone..................................	4,70
Oxydes de fer et d'aluminium................	0,50
Divers (par différence)........................	0,57
	100,00

Le sulfite de sodium n'est pas complètement perdu, car, pendant la caustification à la chaux, il se transforme partiellement en soude caustique. Les soudes récupérées ne doivent pas être caustifiées directement, elles contiennent trop d'impuretés solides et de particules de charbon qu'il faut éliminer par une dissolution en eau chaude et un filtrage ou décantation ; la dissolution à l'eau froide a le tort de ne pas dissoudre le silicate de soude formé, qui se caustifie totalement et constituerait une perte sensible. Le filtrage peut se faire sur un filtre Solway décrit au paragraphe 17 ; quant à la dissolution, on peut employer soit un

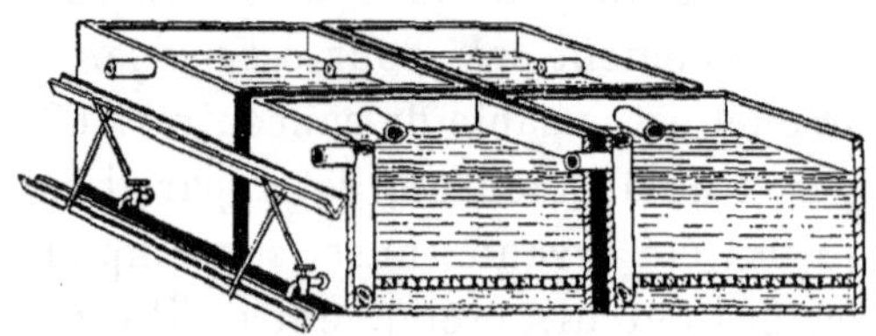

Fig. 23. — Appareil Shanks pour la lixiviation des carbonates de soude récupérés.

réservoir avec agitateur, soit, si l'importance de l'usine le comporte, un appareil à épuisement, celui de *Shanks* par exemple, comme on le fait dans les usines à soude et basé sur ce fait qu'une dissolution est d'autant plus dense qu'elle est plus chargée de sels dissous, et qu'une colonne liquide d'une lessive faible d'une certaine hauteur fait équilibre à une colonne liquide moins haute d'une lessive plus forte[1]. Quatre cuves sont disposées les unes à côté des autres, et sont traversées par un courant d'eau qui devient de plus en plus concentré de cuve en cuve ; le niveau du liquide s'abaisse ainsi d'une cuve à l'autre depuis la première où arrive l'eau jusqu'à la dernière d'où s'écoule une lessive saturée. Ces cuves ont $2^m,60$ de côté et 2 mètres de profondeur ; elles sont munies d'un faux fond perforé (F), sur lequel repose la soude à lixivier.

Quand la soude de la première cuve est dissoute, on la recharge, et par la manœuvre d'une série de robinets, de première qu'elle

(1) *Traité de chimie industrielle*, de R. Wagner, F. Fischer et L. Gauthier, Paris, Masson et Cie, éditeurs.

était, recevant de l'eau pure, elle devient la quatrième, et laisse écouler la lessive saturée, et ainsi de suite. Cet appareil est à marche continue et la solution se fait d'elle-même.

De l'action du sulfure de sodium sur les fibres. — Comme nous venons de le voir, la soude récupéré econtient souvent un peu de soufre, sous forme de sulfure de sodium ; si la proportion en est trop forte, il est nécessaire de le détruire, car il a l'inconvénient de ternir et d'enlever le brillant des fibres d'alfa ; cette destruction est assez facile ; il suffit pour cela d'insuffler de l'air dans la solution de soude pendant la caustification, l'oxygène de l'air oxyde ce sulfite et le transforme en sulfate. Pour insuffler cet air dans le liquide à caustifier, il suffit d'intercaler un injecteur sur la conduite de vapeur qui sert à chauffer le liquide et de le porter à l'ébullition, de façon à y injecter un mélange d'air et de vapeur.

§ 22. **Défilage de l'alfa lessivé.** — L'alfa lessivé et ayant déjà subi un ou deux lavages dans le lessiveur, est ensuite défilé comme toutes les matières analogues; ce défilage se fait à la pile. Dans quelques grandes usines anglaises, où l'on traite journellement de grandes quantités d'alfa, le défilage à la pile est activé par un dégrossissage au *cône breaker*, qui donne un défilé grossier qui est ensuite terminé à la pile. L'avantage du cône breaker est de débiter beaucoup et de diminuer notablement le nombre des piles nécessaires au défilage.

Cône breaker type Cornett's. — Cet appareil rappelle beaucoup le *duster* déjà décrit pour le nettoyage mécanique de l'alfa (§ 10) ; comme lui, il se compose de deux cônes concentriques, le cône extérieur (C) fixe, tandis que le cône intérieur (*c*) est mobile et animé d'une vitesse de rotation de 210 tours à la minute autour de son axe (*a*) ; ces deux cônes sont munis de dents; le cône fixe n'en porte qu'une seule rangée placée suivant la génératrice supérieure, tandis que le cône mobile en a cinq rangées également espacées. L'alfa introduit d'une façon constante et régulière, par une trémie T, dans l'espace annulaire compris entre les deux cônes, est défilé par le mouvement de rotation et l'action des dents tout en cheminant vers la sortie, d'où il s'écoule par un siphon (S). Une certaine quantité d'eau, introduite en même temps que l'alfa, est nécessaire pour empêcher l'engorgement de l'appareil.

Un cône breaker consommant 10 HP et tournant à 210 tours peut défiler 1.000 kilogrammes d'alfa compté sec, par heure ; mais ce défilage est insuffisant et doit être terminé à la pile. Cet appareil, d'un usage courant en Angleterre, n'a pas trouvé jusqu'à présent le même accueil en France ; probablement parce qu'on n'a pas su lui faire rendre ce qu'il est capable de produire.

§ 23. **Défilage et raffinage de l'alfa à la pile.** — Que l'alfa provienne directement du lessivage ou qu'il ait passé par un cône breaker, il doit subir l'action de la pile. Le mot, défilage de l'alfa, est bien le mot propre qui doit être ici appliqué, car l'alfa n'a pas besoin et ne doit jamais être raffiné. Les fibres sont assez courtes pour n'avoir, dans aucun cas, besoin d'être raccourcies, il suffit, par un défilage ménagé, de les bien séparer les uns des autres ainsi que les cellules cuticulaires, les unes et les autres étant soudées entre elles par un ciment qui doit être complètement dissous par le lessivage. C'est donc plus encore un battage qu'un défilage proprement dit qu'il faut faire subir à cette plante, en même temps qu'un lavage énergique pour entraîner non seulement toutes les matières non cellulosiques de teinte verdâtre, mais aussi la plus grande partie des cellules dentelées de l'écorce et des poils recouvrant la surface interne des feuilles, ces éléments formés de cellulose, il est vrai, n'ayant aucun pouvoir feutrant dans le papier.

Les quatre figures 27, 28, 29 et 30 montrent bien la différence qu'il y a entre une bonne pâte, cuite à point et défilée avec ménagement, et une autre où les ciments ont été imparfaitement attaqués par la soude et qui est inutilisable.

Le défilage doit se faire dans des piles ordinaires, les lames de tambour doivent être biseautées, mais non coupantes ; il est bon d'adopter la forme figure 25 *bis* de préférence à celle de la figure 25, car, au fur et à mesure de l'usure, la largeur de la tranche ne varie point et reste constante. Le tambour doit être garni d'un

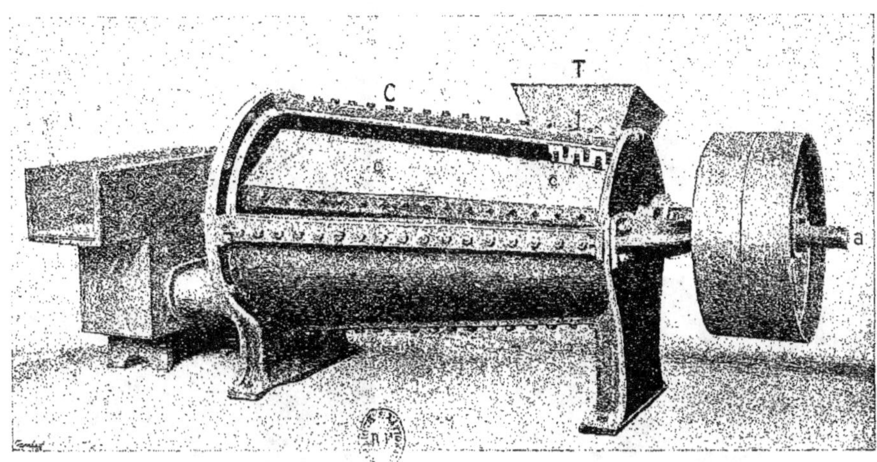

Fig. 24. — Cône breaker, type Cornett's de James Bertram de Leith, pour le défilage de l'Alfa lessivé.

Fig. 27. — Pâte d'Alfa mal lessivée et mal défibrée.
f, fibres coupées ;
F, faisceaux incomplètement désincrustés.

Fig. 28. — Pâte d'Alfa inutilisable par manque de lessivage. — Gross. 60 D.
F, faisceaux de fibres incomplètement désincrustés ;
f, portions d'écorce.

Fig. 29. — Pâte d'Alfa insuffisamment lavée. — Gross. 90 D.
C, cellules cuticulaires de l'écorce ;
p, poils de l'écorce interne ;
a, cellules parenchymateuses.

Fig. 30. — Pâte d'Alfa anglaise. — Gross. 80 D.
f, fibres écrasées par le battage.

assez grand nombre de ces lames, les piles, construites par M. *James Bertram* de Leith, ont, pour un tambour de $0^m,80$ de diamètre, 17 paquets de 3 lames, soit 51 lames. Les lames des platines de ces piles sont également biseautées et rangées, au nombre de neuf, en forme de V très ouvert (*fig.* 26). Le défilage de l'alfa doit se faire uniquement à l'affleurage, c'est-à-dire que

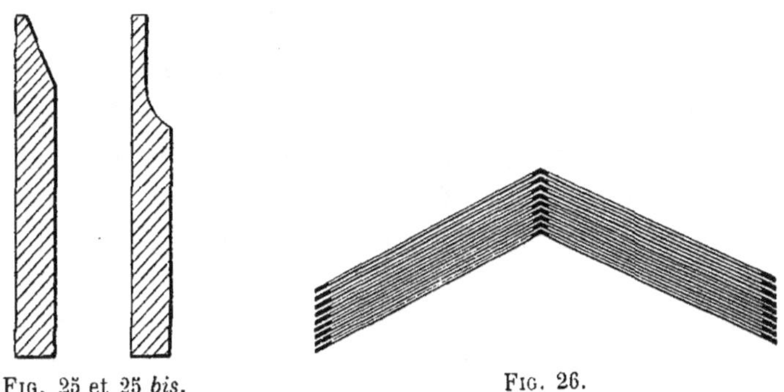

Fig. 25 et 25 *bis*. Fig. 26.

les lames du tambour doivent frôler celle de la platine sans les toucher, pour ne pas couper les fibres d'alfa déjà courtes par elles-mêmes. Le chargement doit être très fort, même si la pâte circule mal au début ; dans ce cas,on spatulera de temps à autre ; du reste la pàte s'éclaircit à mesure qu'avance le lavage au tambour laveur ; ce lavage doit être prolongé jusqu'à ce que les eaux sortent claires et ne contiennent plus de matières verdâtres ; une pâte bien cuite et suffisamment lavée doit être d'une teinte jaune légèrement verdâtre ; le battage doit être prolongé jusqu'à ce que les fibres soient bien isolées les unes des autres. Pour une pile contenant 100 kilogrammes de pâte comptée sèche, il faut de deux à trois heures de battage et environ 1.000 litres d'eau de lavage.

§ 24. **Boutonnage de l'alfa.** — C'est pendant le défilage qu'est surtout le danger du boutonnage de l'alfa : d'abord, qu'est-ce que c'est que le boutonnage? Les fibres d'alfa ont une tendance à se rouler sur elles-mêmes ou autour d'un grain de matière solide pour former de petits boutons de la grosseur d'un grain de chènevis, boutons qu'il est matériellement impossible de défaire et qui rendent la pâte inutilisable ; et ce qu'il y a de singulier, c'est que l'alfa est la seule fibre qui se boutonne. Le meilleur moyen d'empêcher le boutonnage est d'arrêter la cuisson en autoclave exactement au point voulu, dès que les matières non cellulosiques sont dissoutes, mais avant que la fibre soit trop attendrie ; le boutonnage est en général d'autant plus facile que la cuisson a été faite à une température plus élevée. On peut aussi employer la composition de lessive H. de Montessus, qui donne une fibre moins molle et n'ayant pas de tendance au boutonnage. Une bonne précaution à prendre est aussi de maintenir la pâte d'alfa très épaisse, toutes les fois qu'elle est en mouvement, soit dans une pile, soit dans tout autre appareil.

§ 25. **Blanchiment de l'alfa.** — *Chlore et chlorure de chaux.* — Le chlorure de chaux du commerce n'est que de la chaux éteinte saturée de chlore gazeux ; la valeur commerciale de ce chlorure dépend donc uniquement de la quantité de chlore actif, qui seul a un pouvoir décolorant, et qu'il contient et peut dégager ; aussi est-il nécessaire d'essayer de temps à autre ce produit qui, en vieillissant, perd une partie de son chlore.

En Allemagne, Angleterre et Amérique, la teneur en chlore actif est exprimée en poids pour cent, c'est donc la teneur en chlore blanchissant ; tandis qu'en France le chlorure de chaux est vendu aux degrés Gay-Lussac, qui indiquent le nombre de litres de chlore actif gazeux que pourrait fournir 1 kilogramme de chlorure de chaux. Un litre de chlore gazeux pesant $3^{gr},178$, il est facile de convertir des degrés français en degrés allemands ou inversement.

Exemple. — Du chlorure de chaux à 100° Gay-Lussac renferme 100 litres de chlore actif par kilogramme :

$$100 \text{ litres} \times 3^{gr},178 = 317^{gr},8 \text{ ou } 31,78\ 0/0 ;$$

Inversement du chlore à 32 0/0 ou 230 grammes par kilogramme est à

$$\frac{320}{3,178} = 101 \text{ degrés Gay-Lussac.}$$

TABLE DE PATTINSON DONNANT POUR CHAQUE DEGRÉ GAY-LUSSAC LA QUANTITÉ DE CHLORE ACTIF POUR CENT, AVEC BASE DE 3,17763 POUR POIDS DE 1 LITRE DE CHLORE A 0° ET 760 MILLIMÈTRES.

DEGRÉS GAY-LUSSAC	CHLORE 0/0	DEGRÉS GAY-LUSSAC	CHLORE 0/0	DEGRÉS GAY-LUSSAC	CHLORE 0/0	DEGRÉS GAY-LUSSAC	CHLORE 0/0
63	20,02	80	25,42	97	30,82	114	36,22
64	20,34	81	25,74	98	31,14	115	36,54
65	20,65	82	26,02	99	31,46	116	36,86
66	20,97	83	26,37	100	31,78	117	37,18
67	21,29	84	26,69	101	32,09	118	37,50
68	21,61	85	27,01	102	32,41	119	37,81
69	21,93	86	27,33	103	32,73	120	38,13
70	22,24	87	27,65	104	33,05	121	38,45
71	22,56	88	27,96	105	33,36	122	38,77
72	22,88	89	28,28	106	33,68	123	39,08
73	23,20	90	28,60	107	34,00	124	39,40
74	23,51	91	28,92	108	34,32	125	39,72
75	23,83	92	29,23	109	34,64	126	40,04
76	24,15	93	29,55	110	34,95	127	40,36
77	24,47	94	29,87	111	35,27	128	40,67
78	24,79	95	30,19	112	35,59		
79	25,10	96	30,51	113	35,91		

§ 26. **Analyse des chlores, méthode Pénot.** — Cette méthode d'analyse repose sur la transformation de l'acide arsénieux en acide arsénique :

$$\underset{\text{Chlorure de chaux}}{CaOCl^2} + \underset{\text{Acide arsénieux}}{AsO^3} = \underset{\text{Chlorure de calcium}}{CaCl^2} + \underset{\text{Acide arsénique}}{As^2O^5}.$$

Pour faire cette analyse, on commence par prélever un échantillon du chlorure à analyser d'environ 1 kilogramme, en puisant dans les différentes couches du fût ; puis, après avoir bien mélangé cet échantillon, on en pèse exactement 7gr,1 qu'on verse dans un mortier de porcelaine avec un peu d'eau, on broie et on délaye complètement le chlorure, après quoi on y ajoute en plusieurs fois de l'eau en quantité suffisante pour le transvaser et rincer le mortier dans un vase de capacité exacte de 1 litre, qu'on achève de remplir complètement, on agite et on laisse déposer. D'autre part, on se procure ou on prépare une solution normale décime d'acide arsénieux pur composée de 4^{gr},95 d'arséniate de soude dissous dans 1 litre d'eau.

On verse dans un vase à essais 50 centimètres cubes de la solution de chlore préparée comme il est dit ci-dessus ; ces 50 centimètres cubes représentent 0^{gr},355 du chlorure de chaux à analyser ; puis, avec une burette graduée, on y verse goutte à goutte et en agitant constamment la solution normale d'acide arsénieux, jusqu'à ce que en trempant dans ce mélange un agitateur de verre et en touchant un papier d'épreuve à l'amidon ioduré, il ne s'y produise plus de coloration bleue ; à ce moment, tout l'acide arsénieux est transformé en acide arsénique. Chaque centimètre cube de la solution normale d'acide arsénieux consommé et indiqué par la burette correspond à 1 0/0 de chlore actif. Si donc on a consommé 32 centimètres cubes, c'est que le chlorure de chaux à essayer contient 32 0/0 de chlore actif, on est à 103 degrés Gay-Lussac (Voir table Pattinson, § 25).

Méthode Bunsen. — On commence par opérer comme dans la méthode *Pénot ;* mais, au lieu de faire 1 litre de solution avec 7^{gr},1 du chlorure de chaux à analyser, on en emploie 10 grammes. La solution normale d'acide arsénieux est remplacée par une autre composée de :

Anhydride arsénieux...........................	4^{gr},439
Acide chlorhydrique étendu de son volume d'eau.	30 ,000

le tout complété d'eau pour former 1 litre. On verse dans un vase à essais non la solution comme dans la méthode Pénot, mais 10 centimètres cubes de la solution normale d'acide arsénieux ci-dessus qu'on colore par une goutte de sulfate d'indigo, et on y verse goutte à goutte, au moyen d'une burette graduée et tout en agitant, la solution déposée claire de chlore à analyser, jusqu'à décoloration complète du sulfate d'indigo.

Le titre de chlorure est obtenu en multipliant par 100 le volume de la liqueur d'épreuve, soit 10 centimètres cubes dans le cas qui nous occupe, et divisant ce produit par le nombre de centimètres cubes de chlorure employé pour la neutraliser et indiqué par la burette.

EXEMPLE. — On a versé par exemple $9^{cm^3},35$ de la solution de chlorure de chaux au moyen de la burette pour décolorer 10 centimètres cubes de la solution normale d'acide arsénieux :

$$\frac{10 \times 100}{9,35} = 106,9,$$

ou 106,9 degrés Gay-Lussac.

§ 27. **Solutions décolorantes.** — Une bonne solution de chlorure de chaux, facile à mesurer et à employer, est celle à 10 0/0, c'est-à-dire qu'on dissout 10 kilogrammes de chlorure dans 100 litres d'eau ; avec cette concentration il est facile de calculer constamment la quantité de solution à employer pour blanchir un poids déterminé de pâte.

POIDS SPÉCIFIQUES DES DISSOLUTIONS DE CHLORURE DE CHAUX (Lunge)

DENSITÉ A 15°	CHLORE ACTIF GRAMMES PAR LITRE	DENSITÉ A 15°	CHLORE ACTIF GRAMMES PAR LITRE
1,115	71,50	1,060	35,81
1,110	68,00	1,055	32,68
1,106	65,33	1,050	29,60
1,105	64,50	1,045	26,62
1,100	61,50	1,040	23,75
1,095	58,40	1,035	20,44
1,090	55,18	1,030	17,36
1,085	52,27	1,025	14,67
1,080	49,96	1,020	11,41
1,075	45,70	1,015	8,48
1,070	42,31	1,010	5,58
1,065	39,10	1,005	2,71

Il est inutile ici de décrire les appareils à faire les solutions de chlore, assez connus dans toutes les papeteries.

§ 28. **Opérations du blanchiment.** — La pâte d'alfa demande environ 14 0/0 de son poids de chlorure de chaux pour être convenablement blanchie, c'est-à-dire que, pour blanchir 100 kilogrammes de pâte comptée sèche, il faut 14 kilogrammes de chlorure de chaux et, si l'on a fait la solution à 10 0/0 il en faudra 140 litres. Par habitude, les Anglais opèrent le blanchiment à une température de 35 °C. environ, en échauffant la pâte par un jet de vapeur; mais des expériences comparatives montrent que cette élévation de température est inutile, qu'elle n'a aucune influence sur la blancheur obtenue et que tout au plus elle diminue la durée du blanchiment. Il est bon d'ajouter un peu d'acide sulfurique pour faire dégager le chlore et faciliter son action; la solution décolorante doit être employée parfaitement déposée et claire; dans le cas contraire, le blanchiment se ferait mal d'abord, puis les grains solides de chaux faciliteraient le boutonnage.

Tous ceux qui font usage de pâte d'alfa ont remarqué qu'elle conserve toujours une teinte légèrement crème et qu'on n'arrive que très difficilement à lui donner la blancheur de la pâte de bois au bisulfite ; on attribue généralement et à tort cette teinte à la nature même des principes colorants de la plante ; cette pâte ne se lessivant qu'à la soude reste colorée par les lessives brunes, qui ont un pouvoir colorant intense, avivé par la présence de l'alcali, qui joue ici le rôle de mordant et fixe la matière colorante sur la fibre; les Anglais ne cherchent nullement à détruire cette teinte, qu'ils apprécient et préfèrent, les papiers légèrement teintés aux papiers très blancs comme nous les faisons en France. On peut blanchir complètement l'alfa soit en augmentant la proportion de chlore, soit mieux encore en lavant avant le blanchiment la pâte avec une eau très légèrement acidulée à l'acide sulfurique, et même aussi en faisant le blanchiment en deux fois et intercalant entre elles un lavage au carbonate de soude; mais tout cela est pratiquement peu facile et le mieux est encore de laisser à l'alfa sa teinte spéciale.

Le blanchiment peut se faire de bien des façons différentes, soit dans des piles blanchisseuses, soit en caisse, soit même pendant le défilage. Le moyen que je préfère et qui m'a toujours donné de bons résultats est le suivant : pendant le défilage en pile, quand le lavage de la pâte au tambour laveur est terminé, je relève celui-ci et j'ajoute à même la pile, tout en continuant le battage, la moitié du chlore nécessaire au blanchiment et un peu d'acide sulfurique; la pâte prend une teinte jaune paille claire, quand tout le chlore est absorbé et que le défilage va être terminé, je fais un léger lavage, en rabaissant le tambour laveur, pour éliminer les produits d'oxydation du chlore ; puis j'ajoute le reste du chlore nécessaire et j'envoie en caisse où se termine le blanchiment.

L'emploi des caisses est très bon si la pâte doit être utilisée dans l'usine même et être transformée en papier, car elle peut y attendre plusieurs jours son emploi; mais si, au contraire, la pâte doit être mise en feuilles, il est préférable de terminer le blanchiment, ou même de le faire complètement, dans des piles blanchisseuses de grande capacité, pouvant recevoir plusieurs pilées de défilage.

Les piles blanchisseuses doivent être munies d'un mouvement propulseur à palettes hélicoïdales, les palettes à surfaces planes facilitant tout particulièrement le boutonnage, il faudra, du reste, prendre dans ces piles les mêmes précautions que pour le défilage afin d'éviter cet accident.

Si la pâte doit être mise en feuilles, il est nécessaire de lui faire subir après le blanchiment un lavage suffisant pour enlever l'excédent de chlore qui détériorerait rapidement la toile métallique du presse-pâte et produirait, au séchage partiel de la pâte, une teinte jaune désagréable à l'œil; ce lavage peut se faire au tambour laveur soit dans les piles blanchisseuses mêmes, soit dans une série de récipients placés sur le trajet de la pâte avant son arrivée au presse-pâte.

§ 29. **Caisses d'égouttage.** — Si on utilise les caisses d'égouttage, on pourra leur donner les mêmes dispositions que celles utilisées habituellement en papeterie; la capacité doit être d'environ 1 mètre cube pour 100 kilogrammes de pâte. Il est bon de les disposer de façon à pouvoir recueillir les eaux chlorées si on y fait le blanchiment; ces eaux chlorées contiennent environ 1 0/0 de chlore, on les emploiera comme eau de lavage aux piles de défilage pour faire absorber à l'alfa ce chlore et l'utiliser ainsi.

§ 30. **Épuration.** — Il est nécessaire d'épurer la pâte pour enlever les parties mal défilées et les incuits qu'il est à peu près impossible d'éviter complètement. Tous les genres d'épurateurs peuvent être utilisés ; mais les Anglais ont créé à cet effet un épurateur oscillant à marche continue qui est à recommander.

Cet épurateur, représenté figure 31, se compose d'une cuve

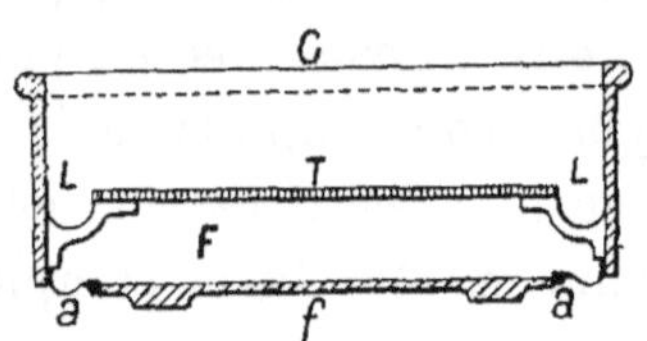

Coupe en travers

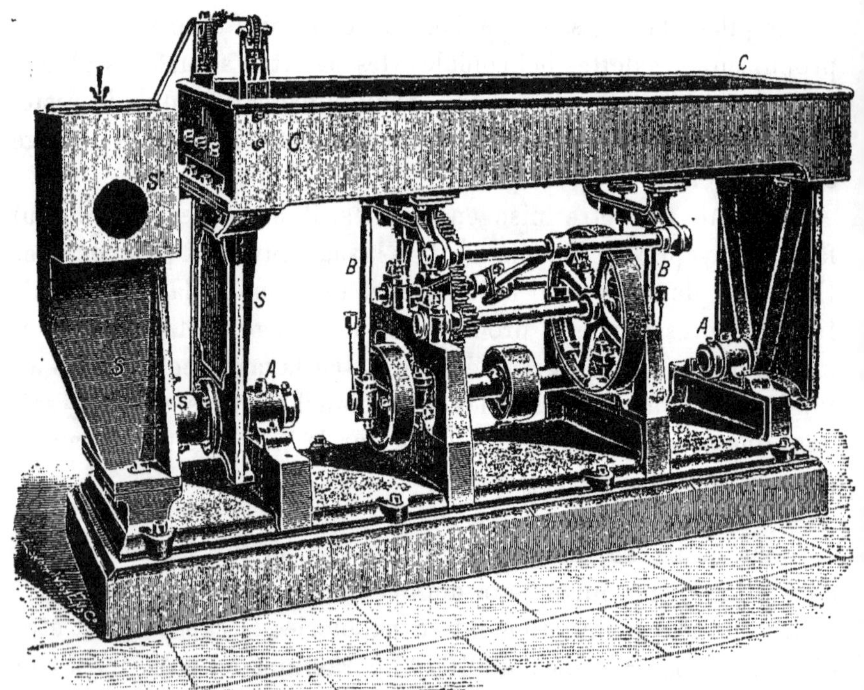

Fig. 31. — Epurateur oscillant de James Bertram de Leith.

rectangulaire peu profonde (C) ayant un lent mouvement d'oscillation autour des axes AA ; le fond de cette cuve est constitué par des tables de bronze perforées de fentes de grosseurs convenables (T), et au-dessous de celles-ci, à une distance de quelques centimètres, est un autre fond (*f*) sans issues relié dans tout son pourtour à la cuve (C) par une forte bande de caoutchouc (*a*); ce double fond joue le rôle d'un soufflet et reçoit par l'entremise de deux bielles (B) un rapide mouvement de vibration. La pâte mélangée d'eau arrive d'une façon continue dans la cuve (C); le liquide et les fibres de grosseur convenable, aspirées par le mouvement du fond, se rendent dans l'espace (F) compris entre les deux fonds et s'écoulent par le siphon S et le tuyau S', tandis que les parties trop grosses sont rejetées, par le mouvement d'oscillation de la cuve, dans deux auges latérales (L) et s'écoulent par un autre orifice pour retourner au défilage. Les fentes des tables de bronze sont constamment débouchées par le mouvement rapide du soufflet. Cet appareil, construit par James Bertram de Leith, jouit d'une grande vogue en Angleterre.

§ 31. **Mise en feuilles.** — La mise en feuilles de la pâte d'alfa se fait, comme pour toutes les autres pâtes, avec un presse-pâte muni de presses et de caisses d'aspiration ; mais sous aucun prétexte la pâte ne doit être séchée complètement, soit avec tambour sécheur, soit même à l'air. La pâte d'alfa sèche prend une dureté qui lui fait perdre ses qualités propres; c'est pourquoi il faut seulement éliminer mécaniquement la plus grande quantité d'eau possible par des presses en nombre suffisant et des caisses d'aspiration bien réglées. — On peut arriver à ne laisser dans cette pâte que 35 à 37 0/0 d'eau, et il est préférable de ne pas la couper en feuilles comme dans une machine à carton, mais d'en faire des rouleaux qui conservent mieux leur humidité, surtout si on a soin de les recouvrir d'un emballage convenable.

Cette impossibilité de sécher complètement la pâte d'alfa est une des raisons pour lesquelles on n'a pas, jusqu'à présent, créé d'usines de production de pâte sur les lieux mêmes de récolte de l'alfa, comme on aurait pu le faire, pour diminuer les frais de transport des 50 0/0 de matières non cellulosiques contenues dans la plante, et explique aussi qu'il n'y a pas en Angleterre d'usines fabriquant la pâte d'alfa pour la vente aux papetiers comme pour la pâte de bois, mais que chaque papetier produit lui-même la quantité de pâte nécessaire à sa consommation. Étant obligé de laisser dans la pâte 35 0/0 d'eau, c'est donc de 35 0/0 qu'on augmente les frais de transport, emballage et manutention.

§ 32. **Ramasse-pâte.** — Comme les fibres d'alfa sont courtes et fines, il en passe une notable quantité par la toile du presse-pâte, qu'il est utile de recueillir au moyen d'un *ramasse-pâte* quelconque. Je décrirai ici celui que j'ai vu fonctionner dans quelques usines anglaises et qui, comme leur épurateur déjà cité, est à marche continue[1]; c'est à ce point de vue surtout qu'il est intéressant. Dans cet appareil, les fibres sont recueillies par différence de densité et renvoyées automatiquement dans le cycle de la fabrication.

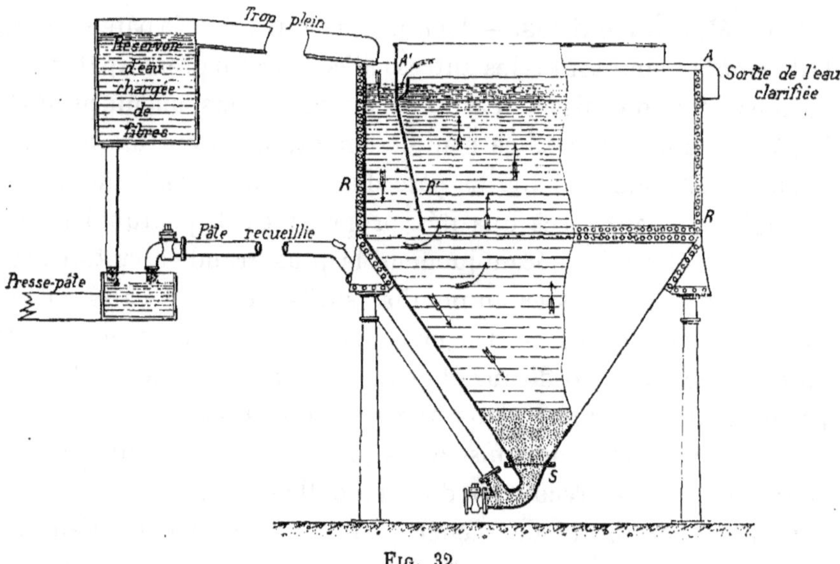

Fig. 32.

L'eau chargée de pâte circule lentement entre l'espace annulaire de deux réservoirs en forme d'entonnoir placés l'un dans l'autre (R, R', *fig.* 32) et vient s'écouler par un auget circulaire

(1) Même provenance que l'épurateur oscillant.

(A); ces deux réservoirs ont des dimensions telles que la vitesse du courant d'eau va en se ralentissant depuis son entrée jusqu'à sa sortie, et cette vitesse est suffisamment faible pour que les fibres tombent au fond par leur propre poids d'où elles sont entraînées par une portion de l'eau à clarifier à travers un siphon (S) et viennent d'elles-mêmes se joindre à la pâte arrivant au presse-pâte. Comme on le voit, cet appareil est à marche continue, et on n'a pas à recueillir et manipuler la pâte, comme dans de nombreux autres ramasse-pâte.

CHAPITRE III

SOMMAIRE. — Ce que devrait être la fabrication de la pâte d'alfa en France. — Y a-t-il lieu de fabriquer la pâte d'alfa sur les lieux mêmes de production ? — Choix d'un emplacement d'usine. — Une usine d'alfa serait-elle classée comme usine insalubre ? — Prix de revient de la pâte d'alfa. — Papier d'alfa. — Prix de revient d'un papier d'impression mi-alfa.

§ 33. **Ce que devrait être la fabrication de la pâte d'alfa en France.** — Si l'on songe que l'alfa est surtout une production de nos colonies nord-africaines, Algérie et Tunisie, et que, d'un autre côté, nous sommes loin de trouver chez nous la quantité de matières premières qu'utilise notre industrie papetière, puisque nous importons chaque année pour plus de *cinquante millions de pâte de bois*, l'on peut être surpris que cette industrie des papiers d'alfa ne soit pas élevée par nous à la hauteur d'industrie nationale ; surtout si l'on considère que ce n'est pas une fabrication nouvelle à créer et étudier, puisque les Anglais emploient chaque année près de 200.000 tonnes de cette plante qu'ils viennent en grande partie chercher chez nous et qu'en outre ils introduisent sur notre marché une quantité appréciable de ce papier spécial que nous apprécions tout particulièrement. Cette fabrication ne présente ni difficultés ni secrets, ni aléas.

Une usine de pâte d'alfa d'importance suffisante et bien placée pourrait produire cette pâte à un prix égal à celui de la pâte chimique de bois, et alimenter suffisamment notre marché pour diminuer dans une notable proportion nos importations de pâtes étrangères.

Or, jusqu'à présent une seule papeterie française, celle de MM. Outhenin-Chalandre, fabrique une certaine quantité d'alfa pour son usage personnel, qu'elle transforme elle-même en papiers; mais on ne trouve à acheter de pâte d'alfa ni en France, ni en Angleterre.

Il serait à souhaiter que cette industrie soit créée surtout maintenant qu'on commence à se préoccuper sérieusement de la diminution du rendement des forêts et des demandes de plus en plus grandes de papiers, et qu'il faut bien prévoir le moment où il sera impossible de se procurer tout le bois nécessaire à la consommation qui en absorbe une quantité bien supérieure à la croissance normale. — C'est du reste ce qui explique que les Américains, toujours pratiques, cherchent à utiliser en papeterie les déchets de coton, les tiges de maïs, de canne à sucre, les lins de la République Argentine et nombre d'autres plantes qui contiennent une proportion plus ou moins grande de cellulose fibreuse.

J'aurai rempli mon but si l'exposé de tous les détails de la fabrication pratique des pâtes et papiers d'alfa contenu dans ce petit ouvrage fait faire un pas à son utilisation en France.

§ 34. **Y a-t-il lieu de fabriquer la pâte d'alfa sur les lieux mêmes de production?** — A première vue, cette idée est très tentante, car de ce fait on supprimerai l'alfatier, la mise en balles, et comme le rendement de l'alfa en pâte est voisin de 50 0/0, ce serait aussi 50 0/0 d'économie sur les transports, puisqu'en transportant l'alfa vert on transporte 50 0/0 de matières inertes non cellulosiques.

Ces avantages ne sont qu'apparents ! Il ne faut pas oublier que la pâte d'alfa ne doit pas être séchée pour lui conserver toutes ses qualités et être transportée avec 37 à 40 0/0 d'eau, les avantages du transport se réduisent donc en réalité à 10 0/0 seulement ; et les autres économies sont très largement contrebalancées par les prix élevés des charbons et produits chimiques et leur transport, sans compter les difficultés énormes qu'on éprouve pour recruter et faire vivre dans ces régions tout un personnel approprié, pour effectuer les nombreuses réparations au matériel compliqué dont on a besoin, etc., etc...; puis les points d'eau sont rares en Algérie, et surtout ceux à proximité des régions alfatières et d'un port d'embarquement.

Trois points réuniraient cependant les conditions requises ; ce sont : *Saïda*, dans la province d'Oran, relié à *Arzew ; Clairfontaine*, dans celle de Constantine, relié à *Bône*, et enfin *Sbeïtla*, en Tunisie, relié à *Sousse;* mais je considère qu'il n'y a aucun intérêt pratique à construire une usine importante dans l'un ou l'autre de ces points. De plus, il ne faut pas oublier qu'en Tunisie l'alfa est grevée d'un droit de consommation de 5 francs par tonne et que la pâte qui y est fabriquée est frappée à son entrée en France d'un droit de douane de 20 francs par tonne (droits de la nation la plus favorisée); ce qui fait que finalement la pâte fabriquée en Tunisie reviendrait à 31 fr. 50 plus chère que celle d'Algérie.

§ 35. **Choix d'un emplacement d'usine.** — Ce choix est subordonné à un approvisionnement facile en alfa, près de charbonnages et d'usines de soude et chlore pour se procurer économiquement le combustible et les produits chimiques; il faut enfin tenir compte des exigences de douane et de la quantité d'eau, et surtout d'eau assez pure, nécessaire, et qui pratiquement atteint près de 100 mètres cubes par tonne de pâte fabriquée. Une force naturelle hydraulique ou électrique ne compenserait qu'en partie les inconvénients provenant d'un mauvais emplacement pour les transports. A tout point de vue il serait préférable de choisir un port de mer.

Une usine de pâte d'alfa serait-elle classée comme usine insalubre? — Évidemment non, car d'un côté les lessives brunes seraient récupérées comme nous l'avons dit, et d'un autre côté les eaux usées ne contiennent ni chlore ni acide. Ces eaux ne sont que des eaux de lavage de la pâte et ne contiennent qu'un peu de matières organiques, il est donc possible de les rejeter dans un cours d'eau, surtout si l'on prend la précaution de les faire passer par un bassin de décantation. Cette fabrication ne répand, de plus, aucune odeur et ne cause aucune gêne d'aucune espèce.

§ 36. **Prix de revient de la pâte d'alfa.** — Ce prix est très variable et dépend en grande partie de celui des matières premières : alfa, produits chimiques et charbon. Il est certain que le prix de cette pâte sera notablement inférieur en Angleterre et Belgique, par exemple, à celui qu'on obtiendra en France où les charbons sont cotés de 25 à 30 francs au lieu de 15 francs, et les soudes et chlore à 13 et 15 francs au lieu de 11 et 11fr,50. Ce prix sera encore différent suivant l'emplacement de l'usine, le matériel dont on disposera, la façon dont on s'approvisionnera d'alfa, l'importance de la fabrication, etc. Aussi le prix de revient établi ci-dessous ne l'est-il qu'à titre d'indication.

On y supposera une usine placée en France près d'un port de mer, une fabrication de moyenne importance de 5.000 tonnes de pâte blanche par an, et un matériel suffisant.

Ce prix de revient comprendra les dépenses en **alfa, charbon, produits chimiques, surveillance** et **main-d'œuvre ;** pour qu'il soit complet, il faudrait donc y joindre les frais généraux et l'intérêt et amortissement du capital engagé.

Prix de base. — *Alfa.* — Il serait préférable d'établir un chantier de récolte, de triage et mise en balles dans une région alfatière d'Algérie ; mais ceci nécessite non seulement l'immobilisation d'un capital d'installation, mais encore les avances assez considérables que nécessitera l'achat, pendant les quelques mois que dure la récolte, de tout l'alfa que nécessite la fabrication de l'année.

Il est vrai que par ce moyen l'alfa reviendra à un prix voisin de 55 francs la tonne, tandis qu'en l'achetant aux alfatiers de profession, il faudra subir les fluctuations du marché et le payer 62 à 65 francs.

Dans ces calculs, nous adopterons le chiffre fort de 65 francs la tonne au port d'embarquement, en le majorant de 15 francs pour le fret et de 5 francs de frais divers de manipulation, soit au total 85 francs la tonne rendue à l'usine. Pour le rendement, nous adopterons le chiffre moyen de 45 0/0.

Dans une installation bien étudiée, on pourrait certainement arriver au prix de 80 francs la tonne avec un rendement de 46 à 47 0/0.

Aux usines de la Haute-Saône, chez MM. Outhenin-Chalandre et Cie, le seul papetier français qui fabrique une certaine quantité de pâte d'alfa, l'alfa y revient à 96-97 francs la tonne; ce prix élevé s'explique par les frais énormes de transport, l'alfa y arrive en effet par Marseille, le Rhône et le chemin de fer; il provient d'un chantier établit à *Gafsa*, en Tunisie, et leur appartenant.

Charbons et produits chimiques. — Nous adopterons les prix suivants pour ces matières premières rendues à l'usine :

Charbon, tout venant	28	francs	la tonne
Carbonate de soude Solway, à 90-92 degrés Descroizilles	13	—	les 100 kilos
Chlorure de chaux	15	—	—
Chaux vive	12	—	la tonne

Récupération. — Nous compterons sur une récupération de la soude employée de 75 0/0 au prix donné par la maison Solway et Cie de 3 fr. 75 les 100 kilogrammes de carbonate impur obtenu.

Dépenses annuelles en alfa, charbon, produits chimiques, surveillance et main-d'œuvre, pour une production de 5.000 tonnes de pâte blanche d'alfa, calculées sur les bases ci-dessus.

MATIÈRES PREMIÈRES	Francs
Alfa. — Rendement 45 0/0, soit pour 5.000 tonnes de pâte blanche, 11.111 tonnes d'alfa vert à 85 francs la tonne rendue à l'usine	944.435
Charbon. — Le charbon nécessaire au lessivage et à la force motrice doit être évalué à environ 1 fois 1/2 le poids de la pâte. Pour 5.000 tonnes de pâtes, il faudra donc environ 7.500 tonnes de charbon à 28 francs la tonne rendue à l'usine	210.000
A reporter	1.154.435

		Francs
Report		1.154.435
Carbonate de soude, 90-92 *degrés D.* — Il faut au maximum 20 kilogrammes de ce carbonate caustifié pour 100 kilogrammes d'alfa; soit pour 11.111 tonnes d'alfa, 2.222 tonnes de carbonate. Or nous avons estimé la récupération à 75 0/0, il faudra donc : 75 0/0 ou 1.666 tonnes de carbonate récupéré et 25 0/0 ou 556 — neuf Total égal : 2.222 tonnes		
	Francs	
1.669 tonnes de carbonate récupéré à 3 fr. 75 les 100 kilogrammes	62.485	
556 tonnes de carbonate neuf à 13 francs les 100 kilogrammes	60.280	
	122.755	122.755
Chaux. — En moyenne 60 kilogrammes de chaux vive, pour 100 kilogrammes de carbonate de soude total : soit 1.333 tonnes à 12 francs la tonne		15.996
Chlore. — Le chlorure de chaux nécessaire au blanchiment est de 8 kilogrammes pour 100 kilogrammes d'alfa, soit 888t,8 à 15 francs les 100 kilogrammes		133.320
Acide sulfurique. — 10 litres par tonne de pâte blanche; soit 50.000 litres à 0 fr. 10		5.000
Total des matières premières		1.431.506

MAIN-D'ŒUVRE ET SURVEILLANCE

	Hommes	Femmes		Prix par journée	Total par jour
Chaufferie.	2		Chauffeurs	6	12
	2		Aides	3,50	7
Machine à vapeur	2		Mécaniciens	6	12
	2		Aides	3,50	7
Manutention et triage		70	Trieuses	2	140
	6		Manœuvres	3,50	21
Préparation des lessives	1		Chefs	6	6
	2		Aides	3,50	7
Lessiveurs	2		Chefs	6	12
	4		Manœuvres	3,50	14
Piles	2		Gouverneurs	6	12
	12		Aides	3,50	42
Blanchiment	2		Hommes	4	8
	2		Manœuvres	3,50	7
Mise en feuilles	1		Conducteur	7	7
	2		Manœuvres	3,50	7
Emballage et divers	10		Manœuvres	3,50	35
Total	54	70	Par jour	.....	356
			Pour 300 jours	.....	....

	Francs
Pour 300 jours	106.800
La surveillance et le personnel comprenant : ingénieur, contremaîtres, comptables et employés divers, peut être évalué à...	30.000
Soit au total	1.568.306

Ce total de 1.568.306 francs pour 5.000 tonnes de pâte blanche se résume en :

	Pour 5.000 tonnes annuelles	Par 100 kilos de pâte
Alfa	944.435 fr.	18f,889
Charbon	210.000	4 ,200
Carbonate de soude	122.755	2 ,455
Chaux	15.996	0 ,320
Chlore	133.320	2 ,665
Acide sulfurique	5.000	0 ,100
Surveillance et personnel	30.000	0 ,600
Main-d'œuvre	106.000	2 ,136
	1.568.306 fr.	31f,365

soit 31 fr.365 *pour* 100 *kilogrammes de pâte blanche*, prix auquel il faudra ajouter les frais généraux, l'intérêt et l'amortissement du capital engagé, patente et impôts, assurances, etc., ce qui finalement nous amènera bien à un prix voisin de 35 francs, qui est celui de la pâte de bois au bisulfite.

§ 37. **Papier d'alfa.** — Les fibres d'alfa sont trop courtes et trop peu résistantes pour entrer seules dans la composition d'un papier, elles doivent être mélangées à une trame solide et constituer surtout une matière de remplissage dont la proportion peut aller jusqu'à 75 0/0 ; on peut aussi y adjoindre une autre pâte, comme celle de bois à la soude ou au bisulfite, pour en abaisser légèrement le prix. Les papiers anglais d'alfa de qualité courante ont comme composition :

Pâte de chiffons	10
— bois au bisulfite	15
— d'alfa	75
	100

Les papiers contenant une forte proportion d'alfa supportent une charge importante et se collent facilement.

L'alfa donne au papier des qualités toute particulières, recherchées surtout pour les belles impressions ; car il lui communique la propriété d'absorber l'encre d'impression d'une façon remarquable ; aussi ces papiers sont-ils particulièrement recherchés pour les impressions de luxe et les épreuves lithographiques ; en outre ces papiers sont légers et ont beaucoup de main.

On imite quelquefois le papier d'alfa avec des mélanges convenables de pâtes de tremble et de magnolia; mais ces mélanges n'ont que l'apparence des papiers d'alfa sans en posséder les qualités.

L'alfa est absolument impropre à la fabrication du papier à cigarette comme le prétendent certains auteurs, même en mélange avec une forte proportion de pâte de chanvre; il donne à ce papier un goût et une odeur désagréables et caractéristiques qui l'excluent de cette fabrication (1).

§ 38. **Prix de revient d'un papier d'impression mi-alfa.** — Nous admettrons que la pâte d'alfa revienne à 38 francs les 100 kilogrammes et que ce papier est composé d'alfa, de bisulfite blanc et coton dans la proportion de :

Pâte d'alfa....................	50
— bisulfite blanc............	30
— coton	20
	100

Les pâtes de coton et les bisulfites estimés respectivement à 40 et 35 francs.

COMPOSITION		PRIX des 100 KILOS	POIDS PARTIELS de l'unité	POIDS TOTAUX	PRIX
		francs	kilos	kilos	
Pâte d'alfa.......	5	38	18	90	34f,20
— de bisulfite..	3	35	22	66	23 ,10
— de coton....	2	40	20	40	16 ,00
	10			196 k = 73f,30	

Si nous chargeons ce papier à 15 0/0 de kaolin en en mettant 30 0/0 à 5 fr. 50 les 100 kilogrammes, si nous estimons le collage à 2 francs, les pertes à 15 0/0 et la fabrication à 25 francs les 100 kilogrammes, nous arrivons finalement au prix d'environ 66 francs les 100 kilogrammes.

(1) Essais de l'auteur à Angoulême.

TABLE DES MATIÈRES

CHAPITRE I

CHAPITRE II

FABRICATION INDUSTRIELLE DE LA PATE D'ALFA

CHAPITRE III

house, de la Société d'encouragement pour l'industrie nationale et de la Société industrielle de Rouen.

Tome Ier : Métalloïdes et composés métalliques. Gr. in-8° 16 × 25 de 750 p. .... 20 fr.

Tome II : Composés du carbone (chimie dite organique) et métaux. Gr. in-8° 16 × 25 de LXXVIII-756 pages.............................. 20 fr.

Prix des 2 tomes de l'ouvrage complet pris ensemble.............. 35 fr.

Ce traité-répertoire a pour objet de signaler, pour chaque corps, en un style condensé, toutes les applications *en les rattachant aux propriétés d'où elles dérivent*, et d'exposer en détail les applications les plus importantes, ou les sujets d'actualité, tels la stérilisation des eaux par l'ozone, le mercerisage, l'épuisement des mines de charbon, l'utilisation des gaz de hauts fourneaux, la fabrication des camphres artificiels, l'utilisation des carbures et des alcools aux moteurs, l'emploi des matières colorantes en teinture et en impression, les propriétés utilisables des composés azimiques et des azoïques, la préparation des fibres artificielles, etc. — Des indications courtes, mais multipliées, permettent de recourir au document original. L'auteur a donné une large place aux brevets d'invention français et étrangers.

L'appareillage mécanique des industries chimiques. Adaptation française de l'ouvrage allemand de A. Parnicke : *Die maschinellen Hilfsmittel der chemischen Technik*, par Em. Campagne, ingénieur chimiste. In-8° 16 × 25 de 362 pages avec 298 figures. Broché, 12 fr. 50 ; cartonné......... 14 fr.

Généralités. Production de la force motrice. Transports de force. Transport des solides : des liquides ; des gaz. Broyage. Mélangeurs. Fusion. Dissolution. Lixiviation. Concentration. Procédés mécaniques pour la séparation des corps. Dessiccation. Appareils de contrôle. Ventilation et élimination des poussières.

L'eau dans l'industrie. Composition, influences, désordres, remèdes, eaux résiduaires, épuration, analyse (*Médaille d'argent de la Société d'Encouragement pour l'industrie nationale*), par H. De La Coux, ingénieur-chimiste, expert près le Conseil de préfecture de la Seine, professeur de chimie appliquée à l'industrie à l'Association polytechnique. Nouvelle édition. In-8° 16 × 25 de 543 p. avec 135 fig. Br., 16 fr. ; cart........................ 17 fr. 50

L'eau. Son activité chimique. Composition des eaux. Corps qu'elles renferment. Sels solubles dans l'eau. Leur influence sur l'ébullition. *Emploi, désordres et remèdes dans l'industrie.* L'eau dans l'alimentation des générateurs de vapeur. Emploi dans la teinture, l'impression, le blanchiment, l'industrie des textiles, la savonnerie, les blanchisseries et lavoirs, le travail des peaux, la préparation des tannants et colorants, la papeterie, la photographie, la sucrerie, la fabrication des glaces et boissons, dans celle du cidre, en brasserie et en distillerie. *Traitements préalables des eaux :* Corps et appareils servant à l'épuration. Précipitation. Épuration chimique. Filtrage. *Eaux résiduaires. Épuration. Analyse.* Recherches qualitatives. Hydrotimétrie. Dosage des corps dans l'eau. *Étude spéciale sur les corrosions des générateurs de vapeur industriels et marins.*

Dictionnaire des termes techniques employés dans les sciences et dans l'industrie, par H. de Graffigny, ingén. civil, avec une préface de Max de Nansouty. 2e édition, augmentée d'un supplément. In-8° 13 × 19 de X-866 pages. Broché, 12 fr. 50 ; cartonné........................ 14 fr.

Recueil de 25.000 *mots techniques avec leurs différentes significations, notamment en* Aérostation, Agriculture, Arts et Métiers, Architecture, Astronomie, Automobilisme, Carrières, Carrosserie, Céramique, Chemins de fer, Charpenterie, Chimie, Construction, Électricité, Fonderie, Géodésie, Géologie, Géométrie, Horlogerie, Hydraulique, Maçonnerie, Manufactures, Mathématiques, Mécanique, Mégisserie, Menuiserie, Métallurgie, Mines, Minéralogie, Météorologie, Optique, Photographie, Physique générale, Ponts et Chaussées, Savonnerie, Serrurerie, Tissage et filature, Typographie, Travaux publics, Verrerie.

TOURS, IMPRIMERIE DESLIS FRÈRES

www.ingramcontent.com/pod-product-compliance
Lightning Source LLC
LaVergne TN
LVHW020434230826
846091LV00004B/1497

* 9 7 8 2 0 1 1 9 4 5 2 0 4 *